Wolfgang Zimmermann

Kirchen und Klöster im Schwarzwald

Kirchen und Klöster im Schwarzwald

Wolfgang Zimmermann

DRW-Verlag Stuttgart

ISBN 3-87181-207-2

© 1981 by DRW-Verlag Weinbrenner KG Stuttgart
Alle Rechte vorbehalten
Gestaltung: Peter Stecher
Satz: Walter Huber, Ludwigsburg
Reproduktionen: E. Schreiber, Stuttgart
Druck: Karl Weinbrenner & Söhne, Stuttgart
Bindearbeiten: C. Fikentscher, Darmstadt
Papier: Mediaprint, holzfrei mattgestrichen
Bilderdruck, 150 g/qm, Feldmühle AG

Bestellnummer: 207

Inhalt

Vorwort

Der Schwarzwald ist weit mehr als ein mit Naturschönheiten gesegnetes Feriengebiet, er ist auch ein uraltes Kulturland mit einer fast unübersehbaren Fülle großer und kleiner, bedeutender und bescheidener Kunst- und Kulturdenkmäler. Hügelgräber, altgermanische Opfersteine und zahllose Bodenfunde zeugen davon, daß schon in vor- und frühgeschichtlicher Zeit Menschen in diesem Gebiet gewirkt haben. Ausschlaggebend für die Kunst und Kultur des Mittelalters waren dann die zahllosen Klostergründungen, von denen noch viele, wenn auch zum Teil nur als Ruinen, erhalten sind.

Zu den erlesensten Bauwerken aus romanischer Zeit gehören u. a. die Klosterbauten Alpirsbach und Hirsau. Aber auch eine große Zahl romanischer Kirchenbauten zeugt vom damaligen Reichtum des Landes und dem Bauwillen seiner Bewohner, so in Forbach, Hausach, Bad Herrenalb, Lahr und Breisach.

Auch die Gotik hielt früh Einzug in den Schwarzwald. So ist die Klosterruine Allerheiligen eines der frühesten Beispiele gotischer Baukunst in Deutschland und das Freiburger Münster eines der schönsten. Zahlreiche Kirchen- und Klöster-Neu- und Erweiterungsbauten fallen in diese Epoche, beispielsweise das Zisterzienserinnen-Kloster Lichtenthal, die Stiftskirche in Lahr, die Wallfahrtskirche in Lautenbach und das Rottweiler Heilig-Kreuz-Münster. Der Barockzeit hat der Schwarzwald weitere großartige kirchliche Kunstdenkmäler zu verdanken, deren schönste die ehemalige Abtei-Kirche des Peter Thumb in St. Peter und der Dom von St. Blasien des Baumeisters d'Ixnard sind.

Während der Zeit des Klassizismus sind dann im Schwarzwald zwar zahlreiche bemerkenswerte Profanbauten entstanden, Kirchen aus dieser Epoche trifft man jedoch nur ganz vereinzelt an. Zweifellos ist hierfür in erster Linie die Aufklärung Ende des 18. Jahrhunderts verantwortlich, die auch ein starkes Nachlassen mancher der bis dahin überaus beliebten Wallfahrten zur Folge hatte. Erst ab der Mitte des 19. Jahrhunderts ist das Interesse am Bau neuer Kirchen wieder erwacht und einer der schönsten und bedeutendsten Sakralbauten aus dieser Zeit ist die pseudobasikale Pfarrkirche von Bonndorf. Daß schließlich auch die Gegenwart eindrucksvolle Kirchenbauten hervorzubringen imstande ist, davon zeugen moderne Gotteshäuser wie die St. Elisabeth-Kapelle in Falkau, die Kirche »Verklärung Christi« auf dem Feldberg und der Neubau des Schiffes der Hinterzartener Pfarrkirche »Maria in der Zarten«.

Aus der Vielzahl der Kirchen und Klöster des Schwarzwaldes werden vierzig in diesem Buch in Wort und Bild vorgestellt. Es wendet sich nicht an den Kunsthistoriker, sondern an die vielen Freunde der großartigen Schwarzwaldlandschaft, die nicht nur mit wachen Sinnen Gottes Schöpfung bewundernd in sich aufnehmen, sondern auch aufgeschlossen sind für die Werke der großen Künstler – Maler, Stukkateure, Baumeister – der Vergangenheit und Gegenwart, denen sie gerade im Schwarzwald auf Schritt und Tritt begegnen.

Da der Verfasser ebenfalls weder Kunsthistoriker noch Kirchenspezialist ist, sondern ein Landschaftsbuch-Autor, der sich für Kirchen und Klöster interessiert, sei ihm verziehen, daß er sich mitunter bis in die Formulierungen hinein auf die Arbeiten maßgeblicher Fachleute gestützt hat. All jenen, deren Gedankengut sich in diesem Buch niederschlägt, gilt deshalb der herzliche Dank des Verfassers. Dank gebührt aber auch dem Verlag für die während der Arbeit an diesem Buch aufgebrachte Geduld, ohne die manches Problem nicht hätte gelöst werden können, und für die hervorragende Ausstattung und Bebilderung des Bandes.

Wolfgang Zimmermann

1 Die St. Aureliuskirche in Hirsau

Erst im Jahre 1955 wurde der Rest der St. Aurelius-Kirche, der seit der Reformation im Jahre 1535 den verschiedensten profanen Zwecken gedient hat, »aus dem Dämmerschatten der Vergessenheit … wieder ins helle Licht der Gegenwart gerückt« und findet nun wieder als katholisches Gotteshaus Verwendung. Neben Gottesdiensten finden in dem hervorragend restaurierten Kirchen-Torso im Rahmen der alljährlich zur Aufführung gelangenden Hirsauer Klosterspiele vielbeachtete Kammerkonzerte statt.

Der im reizvollen Nagoldtal eingebettete und von den bewaldeten Höhen des Nördlichen Schwarzwaldes umgebene Luftkurort Hirsau wird von mehreren Denkmälern einstiger Baukunst geprägt, die zu den berühmtesten Sehenswürdigkeiten im südlichen Teil Baden-Württembergs gehören. Am bekanntesten ist zweifellos die Ruine des durch den französischen *General Melac* im Jahre 1692 zerstörten Klosters St. Peter und Paul auf dem sogenannten Bruderberg. Von der 1082–91 erbauten Anlage ist neben geringen Resten der Umfassungsmauern der später erbaute Nordwestturm – der sogenannte Eulenturm – mit seinen edlen Maßen und geheimnisvollen Skulpturen übriggeblieben. Ausgrabungen geben jedoch von den gewaltigen Ausmaßen der ehemaligen St.-Peter-und-Pauls-Kirche eine Vorstellung, die nach dem Ulmer Münster die größte Kirche des ganzen Schwabenlandes war. Auch eine der beiden Kapellen, die sich seitlich des Chores dieser Kirche befanden, blieb erhalten. Es ist die 1508–16 von *Martin von Urach* erbaute Marienkapelle, die später als Dorfkirche benutzt wurde und nach durchgreifenden Renovationen und einer Verlängerung nach Westen heute als evangelische Pfarrkirche dient. Schließlich sind noch die Ruinen des sehr großen Kreuzganges zu erwähnen, die den Besucher stets tief beeindrucken, sowie das 1586–92 von *Georg Beer* erbaute Herzogliche Jagdschloß, dessen schöne, von der sogenannten Uhland-Ulme überragte Ruine kraftvollste deutsche Renaissance widerspiegelt.

Weniger bekannt ist, daß sich rechts der Nagold, dort, wo sich der Rest der zu neuem Leben erweckten St. Aureliuskirche erhebt, der eigentliche Ursprung Hirsaus befand. Zwar ist nicht bewiesen, ob tatsächlich – wie die Legende berichtet – an dieser Stelle, auf dem Schuttkegel eines Gebirgsbaches, bereits im 6. Jahrhundert ein Benediktinerkloster erbaut wurde. Grabungen förderten jedoch neben den Fundamenten der Kirche von 830 noch die Reste einer älteren, dreischiffigen, turmlosen Basilika zu Tage, deren Grundriß an frühchristliche Kirchen erinnert, so daß die einstmalige Existenz eines solchen Klosters doch sehr wahrscheinlich ist.

Die erwähnte Kirche von 830 gehörte zum ersten Hirsauer Aureliuskloster, bei dem es sich zunächst wohl nur um eine Zelle gehandelt hat, die sich im Besitz der Stifterfamilie befand. In den folgenden Jahren ist jedoch daraus ein kleines Kloster entstanden, in das im Jahr 837 zwölf Benediktinermönche aus Fulda mit einem Abt einzogen. Die nach 830 zu diesem Klösterlein errichtete Kirche war eine dreischiffige Pfeilerbasilika mit Querhaus, Chor und drei Apsi-

den im Osten. Das Westwerk bestand aus zwei Türmen, ein dritter erhob sich über der Vierung. Das Kloster gelangte jedoch aus den verschiedensten Gründen nicht zur Blüte und war mitsamt der Kirche schon zweihundert Jahre später fast völlig verfallen.

Das zweite Aureliuskloster geht auf *Papst Leo IX.* zurück, der seinen Neffen, den Calwer *Grafen Adalbert II.*, veranlaßte, das Kloster aus dem 9. Jahrhundert wiederherzustellen. 1059 wurde mit dem Wiederaufbau begonnen, der fast zwölf Jahre dauerte. Über dem alten Grundriß der Kirche von 830 entstand eine völlig neue Säulenbasilika mit einem wahrscheinlich gewölbten Mittelschiff und gewölbten Seitenschiffen. 1065 wurden Abt *Friedrich* und zwölf Benediktinermönche aus Maria Einsiedeln in der Schweiz in das noch nicht ganz fertiggestellte Kloster berufen. Aber schon vier Jahre später ist dieser Abt wieder entsetzt worden und an seine Stelle trat der aus Bayern stammende *Prior Wilhelm von St. Emmeram* in Regensburg, der anläßlich der Weihe der St. Aureliuskirche am 4. September 1071 die Abtweihe erhielt. Erst mit der Wahl dieser außergewöhnlichen, starken Persönlichkeit wurde die Voraussetzung für die in der Folgezeit große Bedeutung Hirsaus geschaffen, das während der Zeit des ersten Aureliusklosters eher ein Schattendasein geführt hatte.

Durch Ausgrabungen konnte der Grundriß des Klosters St. Peter und Paul gesichert und rekonstruiert werden. Das Herzogliche Jagdschloß, aus den Steinen der teilweise abgetragenen Aurelius-Kirche erbaut, ist noch als Ruine von großer Schönheit. Im Innern erhebt sich die alles überragende, prächtige Uhland-Ulme.

Rechte Seite: Die Ruinen des Kreuzgartens geben einen einzigartigen Rahmen der alljährlichen Klosterspiele ab. Der Nordwestturm, der sogenannte »Eulenturm«, ist neben der heute als evang. Pfarrkirche dienenden Marienkapelle der einzige vollständig erhaltene Baukörper des ehemaligen Klosters.

Im Jahre 1077 ließ der neue *Abt Wilhelm* an die sechs Jahre zuvor geweihte Aureliuskirche anstelle der Querhausapsiden zwei Nebenchöre in Verlängerung der Seitenschiffe anbauen. Diese Maßnahme leitete die neuen Baugewohnheiten ein, die als »Hirsauer Baugewohnheiten« in die Geschichte eingingen und beim Bau des neuen Klosters St. Peter und Paul auf der anderen Nagoldseite voll entwickelt wurden. Nach dem Umzug des Konvents in das neue Kloster im Jahr 1092 verlor St. Aurelius jegliche Bedeutung und wurde Priorat. Die Reliquie des hl. Aurelius, die sich schon im ersten Aureliuskloster befunden hatten, blieb zwar noch eine Zeitlang dort, wurde aber schließlich nach einigen Jahren ebenfalls nach St. Peter und Paul überführt.

Die in den folgenden Jahrhunderten nur sehr mangelhaft unterhaltene Kirche St. Aurelius wurde immer baufälliger und diente nach der Reformation im Jahre 1535 nur mehr als Schafstall und Scheune. 1584/85 wurde sie schließlich bis auf den heute noch existierenden Rest des Langhauses abgetragen und ihre Steine großteils zum Bau des neuen herzoglichen Schlosses verwendet. Der Gebäuderest wurde wieder eingedeckt, die Giebel neu aufgeführt und die damit entstandene »steinerne Scheuer« fand als Stall und Lagerraum Verwendung. Selbst als der Restbau nach

wiederholtem Besitzerwechsel im September 1892 in Staatseigentum übergegangen war, diente er weiterhin den verschiedensten profanen Zwecken und war zuletzt, bis 1954, sogar einmal Großgarage.

Doch nun ist die St. Aureliuskirche »aus dem Dämmerschatten der Vergessenheit jahrhundertelanger Profanierung wieder ins helle Licht der Gegenwart gerückt« und seit 1955 wieder katholisches Gotteshaus. Der Baukörper bekam eine neue Holzdecke und einen neuen Fußbodenbelag. Als Altar erhielt die Kirche einen 110 Zentner schweren Monolith aus einem Steinbruch bei Alpirsbach, der sich in dem Quasichorraum gut in das Raumgefüge einschmiegt. Die im übrigen sehr gute Restaurierung von *H. O. Hajek* hat den mittelalterlichen Charakter des Kirchen-Torsos bewahrt und einen echten Sakralraum mit religiöser Mächtigkeit und überzeugender Ursprünglichkeit entstehen lassen. Die Glasfenster stammen von *W. Geyer*. »Die St. Aureliuskirche ist zu einem kultischen Gesamtkunstwerk geworden, in dem sich Altes und Neues harmonisch verbindet ... Bauwerk und Bilderwerk, alterslos das eine, zeitlos wie dieses das andere, beide nach Maß, Zahl und Gewicht geordnet, beide von asketischer Enthaltsamkeit und Einfachheit geformt, machen St. Aurelius zu einem sakra-

len Baubild und Schaubild von ergreifender Größe, wie man ihm in unserem Lande nicht mehr begegnet. ... Bei der Wiederherstellung der St. Aureliuskirche in Hirsau hat sich das Wort des großen *Rodin* bewahrheitet: Eine Kunst, die Leben in sich hat, restauriert die Werke der Vergangenheit nicht, sondern setzt sie fort.« (Aus dem Jahrbuch 1956 »Heilige Kunst« des Kunstvereins der Diözese Rottenburg.) Im Zusammenhang mit den alljährlich zur Aufführung gelangenden Hirsauer Klosterspielen finden in der Aureliuskirche vielbeachtete Kammerkonzerte statt. Aufführungsort der Klosterspiele ist der Kreuzgarten des St.-Peter-und-Pauls-Klosters, dessen Ruinen einen einzigartigen Rahmen der Freilichtschauspiele abgeben. Der Zusammenklang von historischer Kulisse und lebendigem, großräumig angelegtem Theater hat eine besondere, faszinierende Ausstrahlung, die jeden Besucher in ihren Bann zieht.

2 Die Klosterruine Bad Herrenalb

Im Schnittpunkt von sieben Schwarzwaldtälern, am Ende des idyllischen Albtales, liegt Bad Herrenalb, staatlich anerkannt mit dem in Deutschland seltenen Doppelprädikat »Heilbad und heilklimatischer Kurort«.

Die Geschichte dieses reizvollen Schwarzwaldortes ist eng mit dem ehemaligen Zisterzienserkloster verknüpft, das *Graf Berthold III. von Eberstein* und seine Frau *Uta* im Jahre 1148 aus Dankbarkeit über die glückliche Heimkehr des Grafen aus dem Kreuzzug stifteten. Die Stifter statteten das Kloster reich mit Besitz aus und Mönche des Klosters Neuburg im Elsaß besiedelten es. Die Bezeichnung »alb« geht wahrscheinlich auf die weiße Kutte, die Alba (lateinisch weiß) der Zisterzienser, zurück. »Herrenalb« würde dann so viel bedeuten wie »Kloster der weißen Herren«, im Gegensatz zu den schwarz gekleideten Benediktinermönchen. Die Zisterzienser waren seinerzeit der wohl einflußreichste Mönchsorden, der genau 50 Jahre vor der Stiftung Herrenalbs von *Robert von Molesme* und dem *hl. Alberich* mit dem Kloster Citeaux begründet wurde. Es war einer jener benediktinischen Reformorden, die der vom Kloster Cluny ausgehenden bedeutenden Erneuerungsbewegung des 11. Jahrhunderts angehörten. Der Orden verbreitete sich unwahr-

scheinlich rasch und in der Zeit der Gründung Herrenalbs existierten auf deutschem Boden bereits mehr als fünfzig Zisterzienserklöster.

Die vom Mutterkloster Citeaux ausgegangene Reform bezog sich in erster Linie auf ein strenges, vorwiegend dem Gebet gewidmetes Leben der Mönche, auf Askese, Zucht und Armut. Sichtbarer Ausdruck dieser Reform waren die strengen Regeln für Architektur und Kunst: ein einfacher, langgestreckter Kirchenbau (nur für das Kloster bestimmt), ohne Türme (nur ein Dachreiter mit zwei kleinen Glocken war erlaubt), ein kleiner Chor mit geradem Abschluß, meist vier bis sechs Kapellen am östlichen Ende des Querhauses (für gleichzeitige Meßfeiern), Verzicht auf plastischen Schmuck und farbige Fenster. Wie bei den Cluniazensern wurde besonderer Wert auf sorgfältige Bearbeitung des Mauerwerks gelegt, da eben nur nackter, schmuckloser Stein erlaubt war.

Von den romanischen Klostergebäuden aus der ersten Bauzeit ist in Herrenalb nur wenig erhalten geblieben: die spätromanische Vorhalle der Klosterkirche, Reste der Seitenschiffe am gotischen Chor, eine spätromanische Kapelle und Teile eines Wirtschaftsgebäudes südwestlich der Vorhalle. Und weil auch die Urkunden des ehemaligen Klosters in den unruhigen Zeiten zwischen Bauernkrieg

und Dreißigjährigem Krieg fast alle verloren gingen, ist man heute bei der Betrachtung der Baugeschichte weitgehend auf Vermutungen angewiesen. Sicher ist, daß es sich bei der alten romanischen Klosterkirche um eine dreischiffige Säulenbasilika gehandelt hat. Bemerkenswert ist die Vorhalle, ein künstlerisch sehr gut gelungener Bau, der um das Jahr 1180 entstanden sein dürfte. Die überraschende Vielzahl der Säulen gibt dem Bauwerk eine ungewohnte Leichtigkeit.

Der Besitz des Klosters Herrenalb vermehrte sich durch Kauf und Schenkungen sehr rasch. Im Jahre 1226 besaß das Kloster bereits 17 außerhalb des unmittelbaren Klosterbereiches liegende landwirtschaftliche Höfe. In den folgenden rund 180 Jahren fanden immer neue umfangreiche Käufe statt, bis schließlich gegen 1400 die günstige Entwicklung ein vorläufiges Ende fand. Der starke Mangel an Laienbrüdern, der Rückgang der Preise für landwirtschaftliche Erzeugnisse und hohe Ausgaben für die Befestigung des Klosters (die notwendig wurde, nachdem das benachbarte Kloster Frauenalb 1403 durch *Graf Eberhard III. von Württemberg* und *Bischof Wilhelm von Straßburg* im Auftrag des deutschen *Königs Ruprecht* im Zusammenhang mit der Verwüstung badischen Landes zerstört worden

Linke Seite: Die spätromanische Vorhalle der ehemaligen Klosterkirche, das sogenannte Paradies, ist eines der wenigen erhalten gebliebenen Teile aus der ersten Bauzeit des Herrenalber Klosters.

Der Zugang zur heutigen Herrenalber Kirche, die in der Achse der alten Klosterkirche liegt, führt durch das Paradies des früheren Gotteshauses. Eine ungewohnte Leichtigkeit erhält das noch als Ruine prächtige Bauwerk durch die überraschende Vielzahl der Säulen. Bemerkenswert sind die zahlreichen Reste alter Grabplatten im Innern der Ruine.

war) stürzten das Kloster in ungeheure Schulden. Unter *Johann von Udenheim,* dem bedeutendsten Herrenalber Abt, hat sich die Lage dann offensichtlich wieder gebessert. Nach seinem Tode war jedoch der endgültige Verfall des Klosters nicht mehr aufzuhalten. Im Bauernkrieg 1525 wurde Herrenalb restlos ausgeplündert, die Altäre zerschlagen und sogar die Glocken verkauft. 1534 führte *Herzog Ulrich von Württemberg* die Reformation ein und in der Folgezeit wechselten in Herrenalb mehrmals evangelische Herren mit Zisterzienser-Mönchen. Im Jahr 1642 war dann das Schicksal des Klosters unwiderruflich besiegelt: Die Schweden zerstörten die Kirche bis auf den Chor und seine Anbauten. Vom Paradiese blieben die Umfassungsmauern und der Giebel übrig, während alle anderen Bauten völlig vernichtet worden sind.

Die heutige Herrenalber Kirche, deren Turm und Schiff im Jahre 1739 entstanden sind und deren Chor aus dem Jahre 1427 stammt, liegt in der Achse der alten Klosterkirche. Reste dieses ersten romanischen Baus dienen als Mauern der linken Seitenkapelle und der Sakristei der heutigen Kirche, die als bedeutendstes Kunstwerk das Grabmal des badischen *Markgrafen Bernhard I.* enthält. Der Zugang der Kirche führt durch das Paradies der ehemaligen Klosterkirche mit zahlreichen Resten alter Grabplatten. Seit der Restaurierung 1978/79 ist die bis dahin von den Anliegern als Keller benützte ehemalige Münstersakristei, die sogenannte Südkapelle, wieder zugänglich. Der Raum stammt vermutlich aus dem Jahre 1245. Er hat ein schönes gotisches Gewölbe und weist mit den Schlußsteinen (fünfblättrige Rose der Ebersteiner Grafen) auf den Gründer des Herrenalber Klosters, *Graf Bertold von Eberstein,* hin.

3 Die Kirche »Unserer Lieben Frau« in Gernsbach

Eines der beiden aus dem 19. Jahrhundert stammenden prächtigen Farbfenster im Altarraum der Kirche. Es zeigt drei der sechs Heiligen, denen bis zur Kirchenerweiterung im Jahre 1833 sechs Seitenaltäre gewidmet waren.

Von den zahlreichen Tälern des Nördlichen Schwarzwaldes ist das Murgtal eines der romantischsten und beliebtesten. Denn hier verläuft die Schwarzwald-Tälerstraße, eine der schönsten touristischen Straßen Baden-Württembergs. Zudem verkehrt zwischen Rastatt und Freudenstadt die in einem Atemzug mit der Höllental- und Schwarzwaldbahn zu nennende Murgtalbahn mit ihren zahlreichen Tunnels, Brücken und Viadukten. Den Eingang zu diesem landschaftlich großartigen Tal bildet der anerkannte Luftkurort Gernsbach, der auf eine über 750jährige Geschichte zurückblicken kann.

Das Städtchen wird von der Kirche »Unserer Lieben Frau« überragt, die in der zweiten Hälfte des 14. Jahrhunderts, wahrscheinlich aus der ehemaligen Kapelle der benachbarten Burg der *Grafen von Eberstein*, entstanden ist. 1401 ist die Kirche vergrößert und eine Sakristei angebaut worden, gegen Ende des 15. Jahrhunderts fand eine teilweise Erneuerung des Deckengewölbes statt. 1833 wurde das Gotteshaus um drei Joche nach Osten zur heutigen Größe erweitert, der alte Chor samt Sakristei abgerissen und die Sakristei unter dem neuen Chorraum angeordnet. Aus der Zeit ihrer Entstehung stammen in unveränderter Form nur noch die vier westlichen Joche des dreischiffigen Langhauses mit dem für die damalige Zeit typischen reichen geometrischen und symmetrischen Maßwerk. Ältester Teil der Kirche ist der aus dem 13. Jahrhundert stammende Turm mit einer über zwei Meter starken Mauer, der einst zur Stadtbefestigung gehört hat.

Im Gegensatz zu manchen anderen, auch älteren Kirchen, befand sich die Gernsbacher Kirche »Unserer Lieben Frau« in einem baulich so schlechten Zustand, daß die Renovierung in den Jahren 1970/71 mit äußerster Behutsamkeit durchgeführt werden mußte. So galt es, bei der Ausführung der Bauarbeiten weitgehend Erschütterungen zu vermeiden, um das statisch kaum nachweisbare Baugefüge nicht zu beeinträchtigen. Dem Architekten *Heinz Gaiser* und seinem Bauleiter *Roland Fix*, beide aus Rastatt, gelang es hierbei in überzeugender Weise, die spätgotischen Elemente mit modernen zu verbinden und den historischen Kirchenraum den heutigen Vorstellungen anzupassen, ohne jedoch die überlieferten Baumerkmale zu unterdrücken.

Während der Innenraum der Kirche vor der Renovation durch die starke Verschmutzung auf den Besucher nicht gerade anziehend wirkte, strahlt der Kirchenraum nunmehr »einfache Würde und künstlerische Schönheit« aus. »Mittelpunkt« ist der Altar, der in seiner außerordentlich

Linke Seite: Gernsbach, in einem der romantischsten Täler des Nördlichen Schwarzwaldes gelegen, wird von der aus dem 14. Jahrhundert stammenden Liebfrauenkirche überragt. Der Turm (unser Bild zeigt ihn noch vor der letzten Renovierung) stammt als ältester Teil des Gotteshauses aus dem 13. Jahrhundert und gehörte einst zur Stadtbefestigung.

Vor der Renovation der Jahre 1970/71 überladen und wegen der starken Verschmutzung wenig anziehend wirkend, strahlt der Kirchenraum nunmehr »einfache Würde und künstlerische Schönheit« aus.

schlichten Gestaltung an den Tisch des Abendmahles erinnern soll. Der frühere spätgotische Hauptaltar war so stark vom Wurmfraß befallen, daß er nicht mehr renoviert werden konnte. Er barg jedoch als besonderes Juwel eine aus dem beginnenden 16. Jahrhundert stammende neugotische Pieta. Die dicken, bunten Ölfarbschichten, mit denen sie überzogen war, sind entfernt worden und die wertvolle Figur der schmerzhaften Gottesmutter ist nun wieder in ihrer überaus eindrucksvollen Ursprünglichkeit zu sehen. Von den vielen weiteren Figuren, die in der »alten« Kirche vorhanden waren, wurden nur die wertvollsten in die »neue« Kirche übernommen, beispielsweise drei spätgotische Figuren der Heiligen Sebastian, Christophorus und Georg (sie befinden sich heute an der westlichen Rückwand des Gotteshauses) und eine Anzahl Bildtafeln, die die frühere Kanzel schmückten (heute an der Stirnseite des nördlichen Seitenschiffes). Das zweifellos wertvollste Stück des Gotteshauses ist ein durch seine leuchtenden Farben auffallendes Fenster aus der zweiten Hälfte des 15. Jahrhunderts, das den gekreuzigten Jesus Christus mit Maria und Johannes darstellt.

Eine der eindrucksvollsten und überzeugendsten Neuerungen der Kirche ist die modern gestaltete Rückwand. Die frühere Doppelempore mit der verschachtelten alten Orgel wurde durch eine neue, frei in den Raum ragende Betonempore ersetzt. Die neue Orgel ist in Einzelelementen versetzt an die Rückwand montiert worden und reicht mit ihrem Mittelteil bis hinauf zum schönen gotischen Netzgewölbe.

»Der Besucher dieser Liebfrauenkirche wird feststellen, daß die Kirche ein altehrwürdiges und doch modernes Gotteshaus ist, das Wärme ausstrahlt und den Gottesdiensten einen festlichen Charakter verleiht, das zum Beten und zur Meditation einlädt.« (*Heinz Marbach*, Pfarrer).

4 Die Zisterzienserinnen-Abtei Lichtenthal bei Baden-Baden

Die Fürstenkapelle wurde im Jahre 1288 vom Markgrafen Rudolf I. von Baden gestiftet und ist damit das älteste Bauwerk des Klosters. Ihre neugotische Fassade und den Dachreiter erhielt die Kapelle 1830–32 im Zuge einer teilweisen Erneuerung.

Wer nach Baden-Baden kommt und die zahllosen Sehenswürdigkeiten dieses weltberühmten Kurortes besichtigt, wird sicher seine Schritte auch einmal über die Lichtentaler Allee lenken. Diese 1655 angelegte und von uralten Bäumen gesäumte drei Kilometer lange Promenade führt vom Kleinen Theater in südöstlicher Richtung in das ehemalige alte Dorf Büren oder Beuern, das bereits 1909 nach Baden-Baden eingemeindet wurde. Inzwischen mit dem Kurort übergangslos zusammengewachsen, trägt es heute die Bezeichnung Stadtteil Lichtental, benannt nach der im 13. Jahrhundert gegründeten Zisterzienserinnen-Abtei Lichtenthal am westlichen Ortsausgang. Diese Klosteranlage, in einer nach Nordosten offenen Schleife der Oos gelegen, schmiegt sich an den steil aufsteigenden Leisberg. Die Kirche ist west-östlich orientiert, und ihr schließen sich im Westen das Abtei-Gebäude und im Süden der rechteckige Konventbau an. Die Wirtschaftsgebäude umstehen den großen Klosterhof im Westen und Norden und reihen sich entlang der unregelmäßigen Umfassungsmauern auf.

Gegründet wurde das Kloster im Jahre 1245 durch die *Markgräfin Irmengard von Baden,* die ersten Zisterzienserinnen kamen von der Zisterzienserinnen-Abtei Wald bei Meßkirch. Nach dem Tode ihres Gatten, des *Markgrafen Hermann V.,* lebte die Stifterin dann selbst im Kloster. Im Gegensatz zu vielen anderen Klöstern stand das Kloster Lichtenthal von Anfang an unter einem glücklichen Stern. Denn abgesehen von mehreren Plünderungen während des Dreißigjährigen Krieges, einer Brandstiftung im Jahre 1734, der die Ökonomiegebäude mit sämtlichen Vorräten zum Opfer fielen, und mehreren schweren Unwettern im Laufe des 18. Jahrhunderts, hat dieses Kloster alle Belastungen und Heimsuchungen schadlos überstanden. Selbst als Baden-Baden im Jahre 1689 während des Pfälzisch-Orleanischen Krieges in Flammen aufging, kam die Abtei mit dem Schrecken davon. Dies alles führte im Laufe der siebenhundertjährigen Geschichte Lichtenthals zu der Überzeugung, daß das Kloster von Anfang an unter besonderem himmlischem Schutz gestanden hat. So wird in der Überlieferung von folgendem Ereignis berichtet, das sich während des Dreißigjährigen Krieges zugetragen haben soll: »Schon kamen schwedische Söldner in wilder Gier an die Pforte des Klosters. Furcht und Grauen packte die stillen Bewohnerinnen. Da übergab die Äbtissin einer altehrwürdigen Madonnen-Statue – der heutigen »Schlüssel-Muttergottes« in der Fürstenkapelle – die Schlüssel des Hauses und flehte um Schutz und Hilfe.

Zu den größten Sehenswürdig-keiten des Klosters gehört das Sprech-zimmer mit schmiedeeisernem Gitter, einer Stiftung der Markgräfin Sibylla Augusta, und den Gemälden der Chorfrau Rosa Melling, Tochter des bekannten badischen Hofmalers.

Inzwischen wurden die Flügel des Kirchenportals bereits von Beute-gierigen eingeschlagen. Doch da schwebte aus dem Halbdunkel die königliche Frau, lichtumstrahlt, die eine Hand hielt die Schlüssel, die andere wies drohend zum Ausgang. Da faßte auch die Verwegensten das Grauen und trieb sie zu angstvoller Flucht.«

Als eine der wenigen Abteien des deutschen Reiches durfte Lich-tenthal auch im 19. Jahrhundert sein

klösterliches Leben fortsetzen, ist also niemals säkularisiert worden. Lediglich alle Besitzungen, Einkünf-te und Zehntabgaben, die dem Klo-ster im Laufe der Jahrhunderte als Schenkungen oder als Mitgift in ver-schiedenen Orten der Markgraf-schaft zugekommen waren, fielen nach dem Frieden von Lunéville im Jahre 1801 an das nunmehrige Groß-herzogtum Baden. Etwa um die glei-che Zeit übernahmen die Kloster-frauen die Mädchenvolksschule für

Der kleine, niedrige, stark eingezogene Chor der Fürstenkapelle mit Rippengewölbe ist durch den Triumphbogen vom übrigen Raum getrennt. Der Hochaltar der Hl. Sippe stammt aus dem Jahre 1503. Auf der Außenseite der Altarflügel sind Bilder der Heiligen Michael, Andreas, Augustinus und Ambrosius zu sehen. Links vom Hochaltar das Hochgrab Markgraf Rudolfs IV. von Baden († 1348).

das Beuerner Tal, und 1811 wurde die Klosterkirche zur Pfarrkirche von Beuern. Sie blieb es bis zur Errichtung der heutigen Pfarrkirche St. Bonifatius 1869. Im Jahre 1883 wurde aus der Unsicherheit des damaligen Kulturkampfes heraus in Mariengarten in Tirol ein Filialkloster gegründet, das heute eine selbständige, blühende Abtei ist.

Die heutigen Klostergebäude, die 1960/65 einheitlich renoviert wurden, stammen aus verschiedenen Epochen. Ältester, heute noch baulich größtenteils unverändert erhaltener Teil ist die 1288 erbaute Fürstenkapelle, während beispielsweise das Konventgebäude erst in den Jahren 1728/31 von *Peter Thump,* dem berühmten Vorarlberger Baumeister, anstelle des baufällig gewordenen alten Fachwerkhauses errichtet wurde. Auch die ursprünglich romanische Klosterkirche stammt noch aus der Gründerzeit des Klosters, ist allerdings im Laufe ihrer Geschichte mehrmals umgestaltet worden. Der erste große Umbau muß um 1300 erfolgt sein, da der heutige Ostchor mit 5/8-Schluß, die Kreuzrippengewölbe, die Maßwerkfenster und abgetreppten Strebepfeiler, sowie das Hauptportal aus dieser Zeit stammen. Damals ist die Kirche auch verlängert und bedeutend erhöht worden. Die kegelförmigen Konsolformen der Rippen, die als »Hausmarke dieses Ordens« gelten, deuten darauf hin, daß am Bau der Kirche Zisterzienser beteiligt waren. Im 15. Jahrhundert wurde die Kirche durch ein Langhaus mit Empore erweitert. Eine grundlegende Renovation des Gotteshauses erfolgte 1968/69, bei der besonderer Wert darauf gelegt wurde, den frühgotischen Bau vom Anfang des 14. Jahrhunderts in einfacher Klarheit herauszustellen. Den Hauptschmuck der betont einfach gehaltenen Kirche bilden die farbig verglasten Fenster des Karlsruher Künstlers Emil *Wachter*. Das 1764 durch Friedrich *Bader* aus Ettlingen gefertigte eichene Chorgestühl befindet sich in dem durch ein Gitter abgetrennten Frauenchor.

Die Fürstenkapelle ist eine Stiftung *Markgraf Rudolfs I.* von Baden, der sie als Grablege für sich und seine Nachkommen bestimmte. Sie blieb es bis 1424, während später nur noch die Herzen der Verblichenen hier beigesetzt wurden, so zum Beispiel das Herz des 1707 verstorbenen *Markgrafen Ludwig Wilhelm*, des Türkenlouis. 1830/32 wurde die ursprünglich ausgemalte Kapelle grundlegend renoviert, damals errichtete man auch die neugotische Fassade und den Dachreiter. Die kleine neugotische Gruftkapelle der *Herzogin von Hamilton* an der Nordwand kurz vor dem Chor stammt von 1890. Der kleine, niedrige, stark eingezogene Chor mit Rippengewölbe ist durch den Triumphbogen vom üb-

rigen Raum getrennt, der eine Flachdecke besitzt. Die wenigen Fenster, unter anderen mehrere Buntfenster aus dem 15. Jahrhundert, lassen nur mäßiges Licht auf die Grabmale und -platten fallen. Der Hochaltar der Hl. Sippe stammt aus dem Jahre 1503.

Der Blickpunkt des Klosterhofes ist der herrliche Marienbrunnen, dessen Säule von einer Marienfigur gekrönt wird. Der Kreuzgang und die ebenerdigen Räume des Konventgebäudes sind mit einfachen Kreuzgewölben gedeckt. Besonders sehenswert ist das große Sprechzimmer der Abtei mit einem schmiedeeisernen Gitter aus dem 18. Jahrhundert und den Gemälden der 1799 verstorbenen Chorfrau *Rosa Melling*. Kein Besucher des Klosters sollte sich schließlich die Besichtigung der Museums- und Ausstellungsräume entgehen lassen, die einen Einblick in die alte und neue Kunsttätigkeit des Klosters vermitteln. Die Zisterzienserinnen dieses ältesten aller erhalten gebliebenen Klöster Badens betätigen sich auch heute noch kunsthandwerklich in der Paramentik, Handweberei, Goldschmiede und Graphik. Die ehemalige Landwirtschaft wurde mit Rücksicht auf die Entwicklung der Stadt Baden-Baden aufgegeben. Ein Teil des Konventes ist in Erziehung und Unterricht beschäftigt. Die Hauptaufgabe eines Zisterzienserin-

nenklosters ist jedoch das feierliche Gotteslob, das meist mit dem Gebetsruf »Deus in adiutorium meum intende, Domine ad adiuvandum me festina« eingeleitet wird. Die Kirche und der Orden verstehen dieses Chorgebet als einen für die Menschheit und zum Lobe Gottes notwendigen Dienst. Er wird in Lichtenthal seit mehr als 700 Jahren bei Tag und Nacht verrichtet.

5 Die Stiftskirche »Unserer Lieben Frau« in Baden-Baden

Zu den Sehenswürdigkeiten Baden-Badens gehört die Stiftskirche zu »Unserer Lieben Frau«, ein spätgotischer Umbau einer romanischen Kirche, errichtet auf den Fundamenten einer römischen Therme. Der heutige Bau stammt aus den Jahren 1751–53, nachdem das Gotteshaus während des Dreißigjährigen Krieges weitgehend zerstört worden war.

Baden-Baden liegt im Tal der Oos, angelehnt an die Abhänge des Battert und des Merkur, in herrlicher waldreicher Umgebung am Westabfall des Nördlichen Schwarzwaldes zur Rheinebene. In den letzten zweihundert Jahren hat sich die Stadt zu einem Heilbad von internationalem Ruf entwickelt, begonnen hat ihre Geschichte jedoch schon vor zweitausend Jahren mit den Römern: Sie entdeckten um das Jahr 70 n. Chr. die Baden-Badener Thermalquellen und bauten, um ihr »germanisches Rheuma« zu heilen, eine für damalige Verhältnisse geradezu perfekte Therme. Die Ruinen der wahrscheinlich ersten römischen Therme Baden-Badens sind heute noch unter der Terrasse des Friedrichsbades zu besichtigen. Im Jahr 214 kam der römische *Kaiser Marcus Aurelius Antonius Caracalla* nach Baden-Baden, um in »Aquae« seine Wunden auszuheilen. Er gab der Stadt den Ehrennamen »Aquae Aureliae« und ließ sich besonders prunkvolle Kaiserthermen bauen.

Etwa tausend Jahre später, zwischen 1220 und 1240, entstand am Platz der alten Kaiserthermen der Vorläufer der heutigen Stiftskirche, eine romanische dreischiffige Basilika. Es muß ein geradezu archaisch erscheinender Bau gewesen sein, der nur durch Ecklisenen, Rundbogenfries, deutsches Band und wenige Fenster gegliedert war. Von dieser ursprünglichen Kirche sind nur noch die unteren viereinhalb Stockwerke des Turmes übrig, während das Gotteshaus selbst in seiner heutigen äußeren Form aus der Mitte des 15. Jahrhunderts stammt.

Schon 1412 erwirkte *Markgraf Bernhard I* von *Papst Johannes XXIII.* das Recht, die damals noch romanische Kirche in eine Stiftskirche umzuwandeln. Doch erst 41 Jahre später konnte sein Sohn, der fromme *Markgraf Jakob,* die Gründung des Kollegiatstiftes vollziehen. Da er noch im gleichen Jahr starb, führte *Markgraf Karl,* der Sohn *Markgraf Jakobs,* den von seinem Vater geplant gewesenen umfassenden Umbau der Kirche durch. Dieser Umbau zog sich von 1453 bis 1474 hin und aus der ehemals romanischen Kirche war eine gotische geworden. Diese Kirche hatte zwischen 1588 und 1594 unter einem Brand zu leiden, der fast den ganzen Chor vernichtete. 1643, also gegen Ende des Dreißigjährigen Krieges, entstand durch Plünderung und Brand noch einmal großer Schaden an der zwischenzeitlich instand gesetzten Kirche und 1689 wurde sie durch Soldaten *Ludwigs XIV.,* die auch große Teile der Stadt in Schutt und Asche legten, mit Ausnahme des Chores praktisch völlig zerstört.

Mit dem Wiederaufbau der Kirche wurde erst 1697/98 begonnen, wobei der schwer geschädigte gotische Turmhelm abgetragen wurde. Nach zahlreichen Versuchen in den folgenden fünfzig Jahren, die Kirche provisorisch für den Gottesdienst wieder benutzbar zu machen, ließ schließlich *Markgraf Ludwig Georg* in den Jahren 1751 bis 1753 die Kirche durch den aus Böhmen stammenden *Johann Peter Ernst Rohrer* total erneuern. Dieser gab ihr im Hauptschiff ein ganz und gar neues Gepräge: Das Gewölbe wurde als barockes Tonnengewölbe ohne gotisches Strebesystem neu angelegt und nach Plänen des aus Wessobrunn stammenden und seit 1749 in Rastatt als Hofstukkateur arbeitenden, aber 1751 verstorbenen *Johann Schütz* mit einem reichen Stukkaturschmuck verziert. Die Gewölbe der beiden Seitenschiffe wurden um 20 cm niedriger eingefügt, als sie zuvor gewesen waren. Die Orgelempore mit den kunstvollen schmiedeeisernen Konsolen des Rastatter Schmiedemeisters *Ögg* baute *Martin Eigler* und *Johann Andreas Silbermann* errichtete die neue Orgel, die allerdings im Jahr 1906 durch eine neue Orgel ersetzt wurde.

Im Zuge der Säkularisation wurde 1803 das Kollegiatstift durch Vereinigung mit einem weltlichen humanistischen Gymnasium praktisch aufgelöst. Weil sich in den folgenden Jahrzehnten am Mauerwerk der Kir-

Die unter dem Triumphbogen am Choreingang aufgestellte Altarmensa des Johann Baptist Belzer von 1867 fast an der Stelle des gotischen Gemeindealtars vor dem früheren Lettner ist jetzt Mittelpunkt der Kirche und der zum Gottesdienst versammelten Gemeinde. Optisch verbindet er sich so organisch mit dem Kreuz im Chor, daß die Kirche im Zusammenspiel aller Bauelemente eine volle Einheit und Geschlossenheit besitzt.

che und an den Wänden des Innenraumes bedrohliche Schäden zeigten, wurde 1866/67 eine dem romantisch-restaurativen Stilgefühl der Zeit entsprechende Regotisierung der Kirche vollzogen. Ihr äußeres Profil wurde verändert, indem die Dächer der Seitenschiffe vom Hauptschiff abgesetzt wurden. Diese Maßnahme sollte ermöglichen, die Innenwände des Mittelschiffes über der Höhe der Seitenschiffe mit Spitzbogenfenstern zu versehen, um den gotischen Charakter der Kirche zu steigern. Dann wurde das Gewölbe des Mittelschiffes von dem um diese Zeit so gar nicht mehr geachteten »Zierat des Zopfstiles« gereinigt. Dafür wurden dem Gewölbe gotische Rippen aus Holz und Gips unterlegt. Die barocken Altäre wurden durch neugotische ersetzt. Nach einer originellen Idee des Architekten wurde ein etwa 400 Meter langes Netz von Kupferröhren im Boden der Kirche verlegt, durch das die Gemeindeverwaltung Baden-Baden unentgeltlich Thermalwasser leitete, von dem der Kirchenraum fast hundert Jahre lang erwärmt wurde. Eine Gasbeleuchtung vervollständigte die für damalige Begriffe überaus moderne Ausstattung der regotisierten Kirche.

1952/54 und 1967/68 wurden umfangreiche Wiederherstellungs- und Sanierungsarbeiten an und in der Kirche durchgeführt. Solche waren nicht zuletzt deshalb notwendig geworden, weil das Mauerwerk einem durch salzhaltige Mineralien hervorgerufenen Zersetzungsprozeß unterworfen war, der bereits eine Höhe von drei Metern erreicht hatte. Neben vielen anderen Erneuerungs- und Umbauarbeiten wurden auch die neugotischen Fenster von 1867 durch einen thematisch und stilistisch geschlossenen Fensterzyklus mit Motiven des Marienlebens ersetzt. Besondere Erwähnung verdient die neue, der nachkonziliaren Liturgiereform entsprechende Raumordnung, die dem gotischen Raumentwurf der Kirche keinerlei Gewalt antut. Die zahlreichen Grabdenkmäler im Chor der Kirche zeugen davon, daß dieser seit Jahrhunderten Grablege des Markgräflichen Hauses ist. Zu den bedeutendsten Kunstwerken des Gotteshauses gehören das Kruzifix des *Nikolaus Gerhaert von Leyden* und das Sakramentshaus.

Die Geschichte des Bestehens der Stiftskirche ist für sie auch immer Baugeschichte gewesen. Sie ist ein Denkmal ihrer eigenen Geschichte geworden, in dem Bauelemente der Romanik, der Gotik, der Renaissance, des Barock, des Klassizismus und der restaurativen Neugotik, Elemente der letztvergangenen wie der augenblicklichen Gegenwart eine zugleich widerspruchsvolle und doch organische Einheit bilden.

6 Die ehemalige Benediktiner-Abtei Schwarzach

Schwarzach ist ein stattliches Dorf in der Rheinebene westlich von Baden-Baden, nur wenige Kilometer vom Rhein entfernt. Der Ort verdankt seine Entstehung der ehemaligen Benediktinerabtei Schwarzach, die im Jahre 714 gegründet wurde. Bis vor kurzem war man der Auffassung, das Kloster sei 727 auf der Rheininsel Arnulfsau gegründet, 826 ans rechte Rheinufer und erst gegen 1200 an die heutige Stelle verlegt worden. Wissenschaftliche Grabungen, die 1964/65 in der Schwarzacher Klosterkirche vorgenommen wurden, erbrachten jedoch den Beweis, daß Kloster und Kirche von Anfang an an der heutigen Stelle standen, dann allerdings mehrere Male baulich verändert worden sind.

Als die ersten Mönche zu Beginn des 8. Jahrhunderts in die »Moortenau« (woraus später die Ortenau wurde) kamen, war außer nahezu unbewohnbaren Sümpfen beiderseits der damals noch vier parallel verlaufenden, wilden Rheinläufe nichts vorhanden. Mit Unterstützung von Wasserbaumeistern aus Holland entwässerten und rodeten sie das Land und regulierten den Rhein, so daß nur mehr ein Hauptarm verblieb. Dann pflanzten sie Obstbäume und Weinreben an – kurz, den ersten Schwarzacher Mönchen ist es zu verdanken, daß die Ortenau heute ein so überaus fruchtbares Gebiet ist. Belohnt wurde die beispiellose Zähigkeit und unsägliche Mühe der Mönche allerdings nicht. Denn in den folgenden Jahrhunderten geriet das Kloster zum Spielball kirchlicher und weltlicher Mächte, und Raubzüge und Plünderungen vorbeiziehender Horden taten ein übriges, dem Kloster Not und Armut, ja fast seinen Untergang zu bringen. Nach den Jahrhunderten des Verfalls nahm sich schließlich Hirsau des Klosters an und sandte 1154 den sittenstrengen und tatkräftigen Mönch *Conradus* als Abt nach Schwarzach. Er und sein Nachfolger, *Abt Hildebertus*, reformierten das Kloster im Geiste Hirsaus und führten die alten strengen benediktinischen Regeln wieder ein. In diese Zeit fällt auch die Entstehung des Dorfes Schwarzach als Folge der Aussiedlung der Nichtkonventualen, also der Klosterknechte, die bis dahin mit den Klosterbrüdern (den Konventualen) innerhalb der Klostermauern zusammenwohnten.

Doch auch in den folgenden Jahrhunderten blieb das Kloster Schwarzach nicht vor Not und Unglück verschont. 1299 brannten große Teile der Abtei und die Kirche nieder; während der folgenden beiden Jahrhunderte hatte sich die Abtei erneut mit weltlichen Herrschern herumzuschlagen, die ihr territoriale und wirtschaftliche Rechte entreißen wollten; 1519/20 klopfte die Pest an die Klosterpforte und kurz danach, 1524/25, brachte der damals tobende Bauernkrieg die Abtei an den Rand des Ruins. Dann kam die Reformation, die dazu führte, daß 1570/71 sogar ein evangelischer Abt im Kloster regierte, und die der Abtei noch mancherlei Wirrungen und Streitigkeiten brachte. Auch die weiteren Ereignisse, allen voran der Dreißigjährige Krieg, machten dem Kloster schwer zu schaffen, das schließlich, wie viele andere Klöster auch, im Jahre 1803 der Säkularisation zum Opfer fiel.

Die heutige ehemalige Klosterkirche wurde 1209–29 unter *Abt Burkhard* erbaut, nachdem die Vorläuferin kurz zuvor abgebrannt war. Sie ist, wie ihr spätromanischer Stil verrät, das jüngste und letzte Beispiel Hirsauer Kirchenbaukunst. Schon die Außenansicht ist außerordentlich eindrucksvoll: wie aus einem Guß geformt steht das Münster in der Landschaft, mit den für die hirsauische Bauweise typischen fünf Apsiden. Den schweren Brand der Abtei im Jahre 1299 fielen zwar auch das Querschiff der Kirche und ein Teil ihres Ostchores zum Opfer, beides wurde jedoch in seiner ursprünglichen Form kurz danach wieder aufgebaut. Leider hat das Barockfieber des 18. Jahrhunderts dem Münster zunächst einen unschönen Stempel aufgedrückt, wenn auch die von *Peter Thumb* stammenden Prunkbauten

des Klosters schon hundert Jahre später wieder abgerissen wurden – mit Ausnahme des Barockportals, das heute noch vorhanden ist. Nur der Tatsache, daß dem *Abt Bernhardus II. Beck* das Geld ausging, ist es zu verdanken, daß es bei wenigen, die spätromanischen hirsauischen Proportionen störenden Veränderungen geblieben ist.

Heute zeigt sich das Schwarzacher Münster, das die Funktion einer Pfarrkirche erfüllt und St. Petrus und Paulus geweiht wurde, wieder in seiner ursprünglichen romanischen Form, in das es bei der Renovation der Jahre 1967–69 zurückversetzt wurde. Das Äußere des Gotteshauses wird von dem starken Vierungsturm und den Apsiden im Osten geprägt. Das ehrfurchtgebietende Innere der herrlichen Säulenbasilika wirkt durch seine Einfachheit. Das Langhaus ist flach gedeckt, über dem Chor spannt sich ein Kreuzrippengewölbe. Im nördlichen Querschiff steht der ehem. barocke Hochaltar und auch das Chorgestühl und die Orgel stammen aus dem 18. Jahrhundert. Umstritten ist allerdings, ob es sich bei der großartigen Barockorgel tatsächlich, wie in der Literatur mitunter zu lesen ist, um eine Silbermann-Orgel handelt. Wahrscheinlich ist, daß sie von *Georg Friedrich Merkel*, einem Schüler *Silbermanns*, gebaut wurde.

Zweifellos ist die alte Klosterbasilika eines der größten Kleinode romanischer Kirchenbaukunst im deutschsprachigen Raum, das bei jedem Besucher einen nachhaltigen Eindruck hinterläßt. Dabei ist es zweitrangig, ob man diese Kirche mit den Augen eines gläubigen Menschen betrachtet oder in ihr »nur« ein herrliches Kunstwerk vergangener Zeiten sieht.

Von den ursprünglichen Klostergebäuden der ehemaligen Benediktinerabtei Schwarzach ist heute außer wenigen Resten nur noch das herrliche romanische Münster erhalten. 1209–29 unter Abt Burkhard in spätromanischem Stil erbaut, stellt sie das jüngste und letzte Beispiel Hirsauer Kirchenbaukunst dar. Das beeindruckende Äußere des Gotteshauses wird von dem starken Vierungsturm und den für die hirsauische Bauweise typischen fünf Apsiden im Osten geprägt.

Das ehrfurchtgebietende Innere der herrlichen Säulenbasilika wirkt durch seine Einfachheit. Das Langhaus ist flach gedeckt, die großartige Barockorgel an der Rückwand stammt vermutlich von Georg Friedrich Merkel, einem Schüler Silbermanns. Die Säulen erinnern in ihrer kraftvoll schweren Gesamterscheinung mit hohen Basen und steilem Profil an elsässische Vorbilder.

7 Die Kirche »St. Peter und Paul« in Bühl

Die Kreisstadt Bühl liegt in einer durch Wein- und Obstbau reichgesegneten Gegend vor der Öffnung des Bühlertales, im Osten überragt von den bis obenauf bewaldeten Ausläufern des Nördlichen Schwarzwaldes. Sie ist Heimat der berühmten Bühler Frühzwetschgen und hier wird jedes Jahr einer der bedeutendsten Obstmärkte Baden-Württembergs abgehalten.

Obwohl vieles darauf hindeutet, daß Bühl bereits zur Zeit *Kaiser Hadrians* (117–138), dem Gründer der Stadt Baden, bestanden hat, wird es erstmalig 1148 urkundlich erwähnt. Damals existierte bereits eine den Aposteln Petrus und Paulus geweihte Pfarrkirche, wohl mehr eine kleine Kapelle. Wahrscheinlich wurde sie von der naheliegenden Benediktiner-Abtei Schwarzach aus errichtet, die dieselben Patrone hatte. Die zweite Kirche, das heutige Rathaus (seit 1880) wurde in den Jahren 1514/24 im Stil der Spätgotik unter Mitwirkung von Werkleuten der Bauhütte des Zisterzienserklosters Maulbronn erbaut. Der alte Kirch- und heutige Rathausturm, bis zum Kirchendach ein Quadrat und dann, dem gotischen Stil entsprechend, in ein Achteck mit acht spitzbogigen Fenstern übergehend, wird neben dem neuen Kirchturm als Wahrzeichen Bühls angesehen. Bei der Einäscherung Bühls durch die Kroaten im Jahre 1622 brannte die Kirche zum größten Teil nieder, wurde vier Jahre später wieder aufgebaut und 1725 renoviert. Da sie sich aber nach wie vor in einem recht jämmerlichen Zustand befand, erfolgte 1771/73 eine Erneuerung und Erweiterung des Langhauses zwischen dem Turm und dem prächtigen gotischen Chor, der in unserer Zeit leider dem innerstädtischen Verkehr geopfert werden mußte. Da die Kirche trotz der Erweiterungsbauten wegen der steigenden Bevölkerungszahlen zu klein wurde, entschloß man sich, in unmittelbarer Nachbarschaft der alten Kirche einen Neubau zu errichten. Zunächst bestand die Absicht, die alte Kirche weiter als Gotteshaus bestehen zu lassen, zwei Jahre nach Vollendung der neuen Kirche ist sie jedoch zum Rathaus umgebaut worden, eine damals wie heute umstrittene Maßnahme!

Am 17. August 1873 fand die feierliche Grundsteinlegung für die neue Kirche statt und knapp vier Jahre später, am 6. Mai 1877, erfolgte die Konsekration der Kirche durch *Weihbischof Lothar von Kübels*. Das dreischiffige Gotteshaus wurde im neugotischen Stil erbaut, der Chor ist durch einen Querbau vom Schiff getrennt, so daß die Grundform ein Kreuz bildet. Das Netzgewölbe des Chores, der ein halbes Oktogen darstellt, wird von acht schlanken Strebepfeilern getragen. Das Quer- oder

Kreuzschiff ist ein achteckiger Kuppelbau, das Mittelschiff wird von vier Pfeilern und sechs einfachen Rundsäulen getragen, auf denen das weitgesprengte kühne Gewölbe ruht. Besonders bemerkenswert sind die Glasmalereien der neuen, 1955 und 1958 eingesetzten Fenster, die von *Professor Albert Burkart,* der auch den internationalen »Deutschen Einheitskatechismus« bebildert hat, gestaltet wurden. Die Grundidee der Kirchenfenster ist im Chor die Offenbarung Gottes im Alten und Neuen Testament und im Langhaus die Verkündigung der Offenbarung durch die Apostel und ihre Nachfolger.

1944/45 hat die Kirche durch Kriegseinwirkungen schwere Schäden davongetragen, die in den Jahren 1952 bis 1958 behoben wurden. Neben der vorher erwähnten Erneuerung sämtlicher Fenster mußten der Turm und die Dächer ausgebessert und neue Treppen gebaut werden. In diesem Zusammenhang erhielt die Kirche drei neue Altäre aus geschliffenem grünlichem Marmor, die die alten geschnitzten Altäre ablösten. Anläßlich des 100jährigen Jubiläums des »Bühler Münsters« im Jahr 1977 wurde der Innenraum der Kirche noch einmal gründlich renoviert (Fachleute sprechen von einer überaus wohlgelungenen Renovation) und eine neue prachtvolle Orgel eingebaut – die vierte, seit die Kirche existiert. Das aus fünf Glocken bestehende Geläut der Kirche wurde 1950 angeschafft. Bereits zweimal in ihrer Geschichte sind die Glocken des Gotteshauses zu Kanonen umgeschmolzen worden: 1917 während des Ersten und 1942 während des Zweiten Weltkrieges.

Linke Seite: Die Kirche St. Peter und Paul wurde 1873–77 in neugotischem Stil in unmittelbarer Nachbarschaft der alten Kirche erbaut, die wegen der steigenen Bevölkerungszahlen Bühls zu klein geworden war. Der Chor des dreischiffigen Gotteshauses ist durch einen Querbau vom Schiff getrennt, so daß die Grundform ein Kreuz bildet. Die alte Kirche ist zwei Jahre nach Vollendung des Kirchenneubaus zum Rathaus umgebaut worden, der alte Kirchturm, dem gotischen Stil entsprechend im oberen Teil ein Achteck mit acht spitzbogigen Fenstern, gilt als Wahrzeichen Bühls.

Der Chor der Kirche bildet ein halbes Oktogon mit sieben prächtigen, bunten Spitzbogenfenstern. Der wuchtige Hochaltar aus grünem geschliffenen Marmor stammt aus dem Jahre 1955. In Verlängerung der vier Strebepfeiler des Chores die neu gefaßten Statuen des alten Hochaltars, die Kirchenpatrone St. Petrus und Paulus, den Schutzpatron der Erzdiözese St. Konrad und den seligen Markgrafen Bernhard von Baden darstellend.

8 Die Kirche »St. Brigitta« in Sasbach

In die helle Tönung des Kirchen-innenraumes greifen die barockisierenden Deckengemälde von Josef Wagenbrenner (1938/39) ein: die Abbildung zeigt Dekan Prälat Lender, der Heimschule und Pfarrei dem Christ-König anempfiehlt. Im Vordergrund Bürgermeister Kühner, die Eltern vom Erzb. Oberbaurat Hermann Graf u. a.

Sasbach liegt am Westrand des Nördlichen Schwarzwaldes nahe bei Achern, etwa halbenwegs zwischen Baden-Baden und Offenburg. Historische Bedeutung erlangte die seit etwa 750 existierende Siedlung durch die Schlacht am 27. Juli 1675, bei der der französische *Marschall Turenne* den Tod fand. Zu Ehren ihres großen Feldherrn errichteten die Franzosen ein Denkmal mit einem kleinen Museum, das heute noch besteht.

Sasbach war von Anbeginn Pfarrei, die früheste Erwähnung einer Kirche geht auf das Jahr 1136 zurück. Hierbei dürfte es sich um einen der damals noch üblichen Holzbauten mit befestigtem Steinturm gehandelt haben. Der zweite nachgewiesene Kirchenbau war vermutlich ein Bauwerk der Romanik, der schließlich von einer gotischen Kirche abgelöst wurde. Es war eine der damals in der Ortenau häufig anzutreffenden Chorturmkirchen, d. h. der Turm ist über dem Chorraum errichtet worden. Der noch erhaltene, zehn Meter lange Chorraum mit Sterngewölbe dient heute als Sakristei. Zwischen dieser gotischen Chorturmkirche und der heutigen Pfarrkirche St. Brigitta existierte aber noch ein weiteres viertes Gotteshaus in Sasbach, das vermutlich der gotischen Vorgängerin sehr ähnlich war, jedoch ein Langhaus im Stil der Renaissance bzw. des Barock besaß. Diese Kirche ist um

1695 errichtet worden, also etwa 20 Jahre nach der Zerstörung der gotischen Kirche während der Schlacht von 1675. Die meisten der damals geflohenen Einwohner Sasbachs waren inzwischen in ihr Heimatdorf zurückgekehrt, und so begann die Kirche allmählich zu klein zu werden. 1774 wurde mit dem Erweiterungsbau der Kirche begonnen, dem ein Entwurf des Vorarlbergers *Kaspar Waldner* zugrunde lag und der bis 1776 dauerte. Als Baumeister fungierte der in Offenburg ansässige *Anton Schmid*.

1874 erhielt das Gotteshaus drei neue Altäre im romanischen Stil und 1901 erfolgte eine Innenrenovation. 1937 stürzte ein Teil des Deckenverputzes mit dem sehr schönen Gemälde »Die Anbetung des Lammes« (der Kopie eines Gemäldes aus der Klosterkirche zu Amorbach) herab, weshalb die Kirche 1938/39 erneut renoviert werden mußte. Schließlich ist das Gotteshaus zwischen 1962 und 1966 nochmals umgestaltet worden und erhielt u. a. neue Altäre, neue Beichtstühle und ein neues Kirchengestühl.

Der in seinem unteren Teil aus dem Jahre 1513–15 stammende, 41 Meter hohe monumentale Kirchturm am Ostrand des Chores wurde zum Wahrzeichen von Sasbach. Das fünfjochige Langhaus mit hohem Dach ist mit Lisenen, die bis zum Dachsims durchlaufen, gut gegliedert. Der In-

Die größte Kostbarkeit der Kirche St. Brigitta bilden die drei Altäre des Würzburger Hofbildmalers Johann Peter Wagner. Sie sind locker mit Säulen und hochgezogenen Aufbauten komponiert. Der Hochaltar, ein klassischer Dreifaltigkeitsaltar, überrascht durch seine hervorragen- *den Figuren: in der Mitte der gekreuzigte Christus (frühklassizistisch), seitlich zwischen den Säulen Maria und Johannes und außen St. Sebastian und Rochus. Auf den Seitenaltären links eine Pieta von Wilhelm Amann (1938) und rechts der hl. Josef mit dem Jesuskind (um 1720).*

Die heutige Kirche St. Brigitta wurde 1774–76 unter Verwendung von Teilen einer 1695 errichteten Vorläuferin erbaut. Die hohe Fassade mit dem geschwungenen Giebel und den schräggestellten Fenster-Ovalen zeugen von der Zugehörigkeit des Baues zum süddeutschen Spätbarock. Der in seinem unteren Teil aus dem Anfang des 16. Jahrhunderts stammende, 41 Meter hohe Kirchturm am Ostrand des Chores ist das Wahrzeichen Sasbachs.

nenraum, in den durch die hochgezogenen Fenster in fünf Jochen helles Tageslicht fällt, überrascht durch seine wohlproportionierte Weite. Die größte Kostbarkeit der Kirche sind die drei Altäre, die 1962–65 eingebracht wurden. Sie stammen aus der aufgegebenen Pfarrkirche von Freudenberg am Main und sind hervorragende Werke des Würzburger Hofbildhauers *Johann Peter Wagner*. Eine der wertvollsten Plastiken, die das Gotteshaus birgt, ist ein Relief der Kirchenpatronin St. Brigitta, die wahrscheinlich von 1480 stammt.

»Die heute stehende Pfarrkirche weist durch ihre Bauteile als Chorturmkirche des Mittelalters auf die alte Siedlung und Mutterpfarrei der nördlichen Ortenau hin, während das lichte Langhaus an der Wende des abklingenden Rokokos zum frühen Klassizismus eines der letzten Beispiele der weit ausgreifenden Barockepoche ist. Dieser Bauteil gehört, wie auch die Formenwelt der Fassade bezeugt, der Vorarlberger Bauschule an . . . Hier erhielt am Ende der Vorarlberger Bauepoche der sich damals durchsetzende schlichte Saal-Raum eine reife Ausformung, die *Kaspar Waldner* mit eleganten Abschleifungen und überlegter Belichtung zu qualitätvoller Höhe und zeitentsprechendem Ausdruck emporhob . . .« *(Dr. Hugo Schnell).*

9 Die Klosterruine Allerheiligen

Im Renchtal, dort wo der Lierbach in die Rench einmündet, liegt der Luftkurort Oppenau, einer der bedeutendsten Orte des Nördlichen Schwarzwaldes. Die sehr ausgedehnte Gemeinde reicht bis nahe an die Schwarzwaldhochstraße heran und hier, wenige Kilometer unterhalb des Schliffkopfes, steht die Ruine des ehemaligen Prämonstratenserklosters Allerheiligen, dem Oppenau, wie viele andere Ortschaften in der Umgebung, seine Entstehung zu verdanken hat.

Das Kloster ist zwischen 1191 und 1196 durch die *Herzogin Uta von Schauenburg,* die dem Geschlecht der *Grafen von Calw* entstammte, gegründet worden. Veranlaßt wurde diese Gründung zweifellos durch das Beispiel der Vorfahren (ihr Urgroßvater hatte das Kloster Hirsau gegründet und auf ihren Großvater mütterlicherseits geht das Kloster St. Peter zurück) sowie durch Utas Glauben, daß »himmlische Wohnungen mit irdischen Dingen erkauft werden können«. Hinzu kommt, daß ihr Gatte, *Herzog Welf VI. von Altdorf,* mehrere Jahrzehnte zuvor das Prämonstratenserkloster Steingaden in Oberbayern gestiftet hatte. Wie sich das Kloster im Laufe der folgenden Jahrhunderte entwickelte, läßt sich heute nur sehr schwer rekonstruieren, da chronikalische Angaben, aus denen man auf das religiöse Leben sowie das kulturelle Schaffen schließen könnte, kaum überliefert wurden. Fest steht, daß Kirche und Klostergebäude gegen Ende des 13. Jahrhunderts noch immer nicht fertiggestellt waren. Der nächste Bericht findet sich für das Jahr 1469, als der 14. Prior, *Andreas Rohart von Neuenstein,* Klage über die Baufälligkeit der gesamten Klosteranlage führt. Ein Jahr später wurde mit der Renovierung des Klosters begonnen, die jedoch nicht beendet werden konnte, weil noch im gleichen Jahr ein Brand, der von der Klosterküche ausging, große Teile von Konvent und Kirche zerstörte. Der durchgeführte Wiederaufbau wurde unter *Prior Georg Federle* 1475 abgeschlossen. Für das Jahr 1555 ist jedoch ein neuerlicher Brand belegt, von dem aber weder Ursache noch der genaue Umfang der Zerstörungen bekannt sind. Nach mancherlei Wirren in den folgenden hundert Jahren – beispielsweise der Straßburger Bischofskrieg 1592/93 und besonders natürlich der Dreißigjährige Krieg mit seinen verheerenden Folgen – die wiederholt fast das Ende der Stiftung gebracht hätten, wurde Allerheiligen im Jahre 1657 auf dem Generalkapitel des Prämonstratenserordens in Prémontré durch die versammelten Äbte zur Abtei erhoben.

Durch die Erhebung zur Abtei wurde das Ansehen des Klosters be-

In einem stillen Schwarzwaldtal wenige Kilometer unterhalb des Ruhesteins ist das Kloster Allerheiligen 1191 durch die Herzogin Uta von Schauenburg gegründet worden. 1802 säkularisiert, ist es zwei Jahre später durch Blitzschlag zerstört und in der Folgezeit abgebrochen worden. Nur die melancholisch stimmende Ruine der einstigen Klosterkirche blieb stehen und läßt die ursprüngliche Schönheit des Münsters noch heute erahnen. Als eines der frühesten gotischen Bauwerke in Deutschland ist Allerheiligen ein weit über die Grenzen des Schwarzwaldes hinaus berühmtes Kulturdenkmal.

trächtlich erhöht und allmählich entwickelte es sich sogar zu einer Wallfahrtsstätte. Um 1770 wurden an hohen kirchlichen Feiertagen mehr als zweitausend Pilger gezählt und während eines Jahres legten Zehntausende von Gläubigen die Beichte in Allerheiligen ab. Ausschlaggebend hierfür dürften in erster Linie die außerordentlich feierlichen Gottesdienste in der Klosterkirche gewesen sein sowie die Möglichkeit, viele Reliquien zu verehren. Und noch in einer anderen Hinsicht war das Kloster im 18. Jahrhundert weithin berühmt: man wandte viel Mühe auf, um den Ordensnachwuchs wissenschaftlich zu schulen. Philosophie war Schwerpunkt der Hauslehranstalt des Klosters und bis aus Bayern und Straßburg kamen Studenten, um ihre Studien in Allerheiligen weiterzuführen. Mit allerhöchster Erlaubnis, denn »bonus odor collegii et in instruenda iuventute zelus placuit« (zu deutsch: der gute Ruf des Kollegiums und der Eifer, die Jugend zu unterrichten, gefiel).

Andererseits brachte das 18. Jahrhundert dem Kloster Allerheiligen große Probleme, die es mitunter sogar in seinem Bestand gefährdeten. Die Straßburger Bischöfe, bis dahin deutscher Herkunft und deshalb sehr aufgeschlossen gegenüber den Privilegien des Klosters, waren ab 1704 Franzosen, deren politische Vorstellungen dem französischen Absolutismus entsprachen. Sie duldeten keinen »Staat im Staate« und wollten den Klöstern, also auch Allerheiligen, jegliche Sonderstellung nehmen. Dies ging so weit, daß der Straßburger Bischof dem 1756 rechtmäßig gewählten Abt des Klosters, *Karl Pulser* (1756–1766), die Abtsweihe nur unter zahlreichen nicht annehmbaren Bedingungen erteilen lassen wollte. Dann war es die französische Revolution, deren Auswirkungen auch in Allerheiligen zu spüren waren; die Koalitionskriege bescherten dem Kloster Einquartierungen, Kontributionen und auch Erpressungen, die ihm wirtschaftlich allerdings nicht viel anhaben konnten, da die klösterlichen Besitztümer groß waren. Doch dann kam die Säkularisation und damit die endgültige Auflösung des Klosters Allerheiligen. Nach über 600jährigem Bestehen wurde es am 29. 11. 1802 aufgehoben. Die gesamten Besitztümer des Klosters wurden verstaatlicht, der Haushalt versteigert. Uneins war man sich über die Frage, was mit der Klosterkirche und den Klostergebäuden geschehen sollte. Da schlug am 6. Juni 1804, dem Tag des Hl. Norbert, des Stifters des Prämonstratenserordens, während eines Gewitters der Blitz in die Turmspitze der Klosterkirche. Das schnell um sich greifende Feuer vernichtete einen Teil

des Münsters und das obere Stockwerk des anschließenden Klausurgebäudes. 1816 wurde schließlich das Kloster mit Ausnahme der Kirche, die man nach dem Brand wieder einigermaßen hergestellt hatte, auf Abbruch versteigert. Doch als man unwiderruflich darauf verzichtete, in Allerheiligen eine Pfarrei zu gründen, schlug schließlich auch die Schicksalsstunde der Kirche, die immer mehr verfiel und deren Steine zum Teil als Baumaterial für die Kirche in Achern verwendet wurden.

Nur wenig blieb stehen; doch lassen die melancholisch stimmenden Trümmer noch die ursprüngliche Schönheit des Münsters von Allerheiligen ahnen, das eines der frühesten gotischen Bauwerke in Deutschland war. Von hoher kunstgeschichtlicher Bedeutung, stellt Allerheiligen ein Kulturdenkmal dar, das weit über die Grenzen des Schwarzwaldes hinaus berühmt ist.

10 Die Wallfahrtskirche »Maria Krönung« zu Lautenbach

Lautenbach ist ein reizvoller Luftkurort im Mittleren Schwarzwald, der seine Entstehung einer Wallfahrt zu verdanken hat. Im Gegensatz zu manchen anderen Wallfahrten hat die Lautenbacher Marienwallfahrt jedoch niemals einen Niedergang erlebt und erfreut sich sogar heute noch großer Beliebtheit.

Nach der Sage soll ein Hirte in dem damals noch dichtbewaldeten Renchtal einen lieblichen Gesang vernommen haben, der aus einem hohlen Baum zu kommen schien. Er schaute nach und erblickte in der Höhlung das heute noch existierende Gnadenbild, das er sogleich herausnahm und außen am Baum befestigte. Gläubige, die von dem Ereignis hörten, pilgerten zu dieser Figur und erlebten wunderbare Gebetserhörungen, die sich herumsprachen und den Zulauf vieler weiterer Menschen zur Folge hatten. Bald darauf errichtete man eine hölzerne Kapelle, die das Gnadenbild aufnahm.

Wann die Wallfahrt begann und ob sie tatsächlich so oder ähnlich entstanden ist, läßt sich urkundlich nicht belegen. Die kleine Wallfahrtskapelle, an die die jetzige Wallfahrtskirche zwischen 1471 und 1488 angebaut wurde und die nach einem Umbau heute noch als Sakristei dient, muß auf jeden Fall schon lange vorher erbaut worden sein. Manches deutet darauf hin, daß auch sie bereits eine Vorläuferin hatte – vielleicht die in der Sage erwähnte kleine hölzerne Kapelle?

Der Bau der heutigen Kirche ist 1471 als Begräbniskirche des Ortenauer Rittergeschlechtes *von Neuenstein* begonnen worden. 1480 schenkte der Bischof von Straßburg die erst halbfertige Kirche dem Kloster Allerheiligen, das den Bau durch den Baumeister und Steinmetz *Hans Hertwig*, der der Straßburger Bauhütte angehörte, innerhalb von drei Jahren zu Ende führen ließ. 1485 wurde in das inzwischen fertiggestellte Gotteshaus die Gnadenkapelle eingebaut. Sie sollte das Gnadenbild aufnehmen, das sich bis dahin in der alten romanischen Wallfahrtskapelle, der heutigen Sakristei, befunden hatte. 1488 kam schließlich noch der Lettner hinzu und in den folgenden Jahrzehnten wurde die Ausstattung der Kirche vervollständigt, unter anderem mit sieben Altären. 1525 dürfte die Bautätigkeit dann endgültig abgeschlossen gewesen sein.

Dank der Wallfahrt war Lautenbach im Laufe der Jahrhunderte zu einer beachtlichen Ortschaft angewachsen, die sich rund um die Wallfahrtskirche immer weiter ausdehnte. Statt nun eine neue, längst notwendig gewordene Pfarrkirche zu bauen, entschloß man sich im Jahr 1815, der Wallfahrtskirche zusätzlich die Funktion einer Ortspfarrkirche

Linke Seite: Der Lettner der Lautenbacher Wallfahrtskirche gehört zu den acht noch in Deutschland erhaltenen gotischen Lettnern und zeigt Verwandtschaft mit denen in Breisach und Tübingen. Auf dem Lettner der seit der Mitte des 18. Jahrhunderts nicht mehr benützte Kreuzaltar, zu dem eine umschalte Wendeltreppe führt. Rechts die Gnadenkapelle, ein reich ziselierter Bau der Spätgotik, die 1485 in die bereits fertige Kirche eingebaut wurde, um das berühmte Gnadenbild aufzunehmen.

Die heutige Wallfahrtskirche ist erst zwischen 1471 und 1485 als Begräbniskirche des Ortenauer Rittergeschlechtes von Neuenstein erbaut worden, obwohl die Lautenbacher Wallfahrt schon viele Jahrhunderte zuvor existiert hat. Der Turm wurde ebenso wie die beiden letzten Joche des Langhauses erst 1895/97 erbaut, als man dem Gotteshaus zusätzlich die Funktion einer Ortspfarrkirche übertrug.

zu übertragen. 1895/97 wurde die Kirche durch den Turm und die beiden letzten Joche des Langhauses erweitert. Dem Baumeister *Meckel* aus Freiburg gelang es, diese Arbeiten durchzuführen, ohne dabei das Meisterwerk des *Hans Hertwig* anzutasten. Es war die einzige bauliche Veränderung des Gotteshauses seit dem Jahr 1525.

Wohl nur deshalb zeigt die einschiffige Hallenkirche mit ihrem verhältnismäßig langen Chor als einzige Süddeutschlands noch heute jene spätgotische Ausstattung, die ein Beweis für die Marienverehrung der damaligen Zeit ist und ein getreues Bild mittelalterlichen religiösen Lebens vermittelt. In den Fenstern, Altären und den Steinmetzarbeiten tritt das Marienmotiv immer wieder in Erscheinung und besonders schön ist das mit Marienfiguren geschmückte Portal. Der Hochaltar, ein spätgotischer Schreinaltar aus dem ausklingenden 15. Jahrhundert, nimmt unter den erhaltenen Altären der damaligen Zeit durch seine hohe Qualität und überragende Schönheit einen besonderen Platz ein. Der Lettner ist einer von nur noch acht in Deutschland erhaltenen gotischen Lettnern und zeigt eine enge Verwandtschaft mit denen in Breisach und Tübingen. Vieles deutet darauf hin, daß die Altargemälde – sowohl die des Hauptaltars wie auch die der beiden Seiten-

altäre – von dem einzigartigen und in geheimnisvolles Dunkel gehüllten Maler und Baumeister *Matthias Grünewald* stammen.

Die Lautenbacher Wallfahrtskirche Maria Krönung ist ohne Zweifel »ein einzigartiges Denkmal der ausgehenden Gotik im ehemaligen Kunstzentrum Straßburg, das der Herrin des Hauses, der gekrönten Himmelskönigin, mit Stein und Bild, mit Farbe und Licht ein hohes Lob singen möchte« *(Hans Heid)*.

11 Die St. Michaelskirche zu Appenweier

Außerordentlich schlicht bietet sich die 1748–52 in stilreinem Rokoko erbaute St. Michaelskirche dem Beschauer dar. Beeindruckend ist lediglich die Westfassade mit dem kräftig profilierten verkröpften Hauptgesims, auf dem der ruhig geformte, oben mit einem Segmentbogen abschließende Giebel ruht. Bemerkenswert auch die Obelisken, in denen die Eckpilaster des Untergeschosses auslaufen.

Vor dem Eingang ins Renchtal liegt in der Rheinebene Appenweier, eine besonders als Eisenbahnknotenpunkt bekannte Landgemeinde der Ortenau. Ein Gräberfund Mitte des vorigen Jahrhunderts läßt darauf schließen, daß der Ort bereits in der Hallstattzeit existiert haben muß. Urkundlich erstmals erwähnt wurde er 1088 als Reichsgut, das später als Lehen in den Besitz der badischen Markgrafen kam und in den folgenden Jahrhunderten nacheinander an die Klöster Hirsau und Allerheiligen fiel.

Die vermutlich erste größere Kirche Appenweiers, über die keinerlei geschichtliche Daten vorliegen, wurde im 17. Jahrhundert durch Kriegseinwirkungen vernichtet. Die heutige Kirche ist 1748–1752 nach Plänen des späteren Rastatter Hofbauinspektors *Franz Ignaz Krohmer* errichtet worden. Die Bauleitung hatte der aus Vorarlberg stammende Baumeister *Johann Ellmenreich*. Als weitere berühmte Künstler wirkten an diesem Kirchenbau neben anderen der Rastatter Hofstukkator *Johann Schütz* aus Wessobrunn und der im Allgäu geborene Kunstmaler *Benedikt Gambs* mit. In der Folgezeit ist diese herrliche Kirche niemals nennenswert beschädigt oder gar zerstört worden. 1875–78 wurde die Kirche ganz im Stil der damaligen Zeit ausgemalt. Erst die beiden in diesem

Jahrhundert mit großem Einfühlungsvermögen durchgeführten Renovationen, 1936–37 innen und außen, 1963–65 innen und 1970 außen, gaben dem Gotteshaus den ursprünglichen Charakter einer absolut stilreinen Rokokokirche wieder, wie sie im Schwarzwald nur selten anzutreffen ist.

Im Gegensatz zu dem außerordentlich einfach gehaltenen Äußeren überrascht das Innere der einschiffigen Kirche durch die in dieser Stilreinheit selten vorkommende Harmonie und durch den großen Formenreichtum. Nach Beseitigung der Übermalungen aus dem Jahre 1937 durch die jüngste Renovierung zeigt sich der reiche Stuckmarmor der Altäre wieder in seiner ursprünglichen Schönheit. Unter den Deckengemälden und Fresken im Schiff nimmt das Hauptgemälde von *Benedikt Gambs,* »Maria Himmelfahrt« darstellend, den größten Teil der Decke ein. Das herrliche Gemälde wird von feinen, graziösen Stuckarbeiten wessobrunnischen Rokokos umrahmt. Der wertvollste und schönste Stuck befindet sich jedoch im Altarraum, wo er u. a. das Gemälde der Chordecke, das letzte Abendmahl darstellend, umrahmt. Besondere Schmuckstücke der Kirche sind die meisterhaft in Stuckmarmor gearbeitete Kanzel und die drei Altäre. Das Hochaltarbild von *Johann Pfunner*

zeigt den Kirchenpatron, den Hl. Michael. Das bemerkenswerteste Kunstwerk der Kirche ist die spätgotische Anna-Selbdritt-Gruppe, das Schnitzwerk eines unbekannten Meisters aus dem 16. Jahrhundert.

Im Gegensatz zu dem einfach gehaltenen Äußeren überrascht die in dieser Stilreinheit selten vorkommende Harmonie des Innenraumes und sein Formenreichtum. Ein besonderes Schmuckstück ist die meisterhaft in Stuckmarmor gearbeitete Kanzel. Prächtig auch die drei Altäre der einschiffigen Kirche: der barocke Hochaltar mit St.-Michaels-Gemälde von Johann Pfunner und Figuren der Heiligen Wendelin und Sebastian, die beiden Nebenaltäre schöne Rokokowerke mit je zwei Säulen. Über dem flachgewölbten Triumphbogen zwischen Chor und Langhaus das badische Allianzwappen.

12 Die Hl. Kreuz-Kirche in Offenburg

Offenburg, »Tor zum Mittleren Schwarzwald« und Metropole der Ortenau, liegt am Westrand des Schwarzwaldes vor dem Eingang ins Kinzigtal. Die Stadt ist Ausgangspunkt der bekannten Schwarzwaldbahn und ein bedeutendes baden-württembergisches Messe- und Kongreßzentrum. Aber auch der Wein spielt in Offenburg eine große Rolle; so wird beispielsweise im Juni jeden Jahres in der Oberrheinhalle der größte badische Weinmarkt abgehalten.

Offenburg ist eine Gründung der Zähringer Herzöge und blickt auf eine vielhundertjährige Geschichte zurück. Der Tatsache, daß sie 1689 durch die Franzosen weitgehend zerstört worden ist, verdankt die Stadt ihre herrlichen Gebäude im Stil des Barock und des Klassizismus, die alle nach der Zerstörung im 18. Jahrhundert entstanden sind. Auch die katholische Kirche zum Heiligen Kreuz gehört zu diesen Bauwerken und stellt heute zweifellos die größte Sehenswürdigkeit Offenburgs dar.

Die heutige Kirche steht an der Stelle einer gotischen Vorläuferin, die im Jahre 1415 geweiht worden ist. Diese Kirche wurde am 9. September 1689 zusammen mit der Stadt von den Truppen *Ludwigs XIV.* zerstört. Aus den stehengebliebenen Resten – Außenmauern, der ausgebrannte Chor, das Josefs-Chörle und die Sakristei –

wurde in den folgenden beiden Jahrzehnten langsam wieder eine Kirche errichtet. Eine schnelle Wiederherstellung der Kirche oder gar einen Kirchenneubau konnte sich die total verarmte Stadt nicht leisten. Selbst als zwischen 1721 und 1726 endlich der Turm aufgeführt war, fehlte noch mancherlei: die Glocken folgten 1728, ein neuer Hochaltar und zwei Seitenaltäre 1736, die Orgel 1760 und die Kanzel gar erst 1792/93. Einige bedeutende Künstler haben an dem fast 100 Jahre dauernden Wiederaufbau der Kirche mitgewirkt: der Straßburger Baumeister *Johann Wilhelm Zäpfle* war an der Wiederherstellung des Chores beteiligt, nach Plänen von *Franz Beer*, einem der bedeutendsten Künstler der Vorarlberger Bauschule und Schwiegervater von *Peter Thumb*, wurde das Langhaus erbaut (und zwar durch seinen Vorarlberger Zunftgenossen *Leonhard Albrecht)* und den ebenfalls von Beer entworfenen Turm erbaute *Johann Ellmenreich*, ebenfalls ein Vorarlberger Meister.

In Erinnerung an die Dreischiffigkeit der mittelalterlichen Kirche wurden im heutigen Gotteshaus mächtige Pfeiler errichtet, die zwei Pseudoseitenschiffe entstehen ließen. Das so entstandene Mittelschiff wird von einem stark gebogenen Tonnengewölbe überspannt, das auf diesen Pfeilern ruht. In den Seiten-

Beherrschender Mittelpunkt der Kirche ist der Hochaltar, ein Meisterwerk F. Lichtenauers in überdurchschnittlich gutem Rokoko. Im lockeren Säulenaufbau, der die Fenster miteinbezieht, steigt in dreifacher Abtreppung die Linienführung zum Hochaltarbild von Esperlin (1737) empor. Zu beiden Seiten des Altarbildes links die hl. Märtyrerin Ursula und rechts die hl. Helena, zwei kraftvoll-spätbarocke Figuren. Außen die beiden Nebenpatrone der Kirche, der hl. Asper links und der hl. Ritter Gangolf rechts.

schiffen wurden in Kapitellhöhe der mit Pilastern besetzten Pfeiler durchgehende Emporen angelegt. Das letzte der sechs Joche des Langhauses ist von doppelter Breite und bildet eine Art Querschiff, das jedoch nicht nach außen vortritt. Die architektonischen Linien führen zum Hochaltar hin, der das gesamte Innere der Kirche beherrscht. Es handelt sich um ein überdurchschnittlich gutes Rokoko-Werk des wenig bekannten Künstlers *Franz Lichtenauer*. Aber auch die beiden Seitenaltäre, ebenfalls von Lichtenauer, sind überdurchschnittlich gute Arbeiten. Aus der Vorläuferkirche stammen noch die leuchtenden Glasfenster der Sakristei aus der Zeit um 1400. Das im Jahre 1955 zum Schutz gegen Witterungseinflüsse in das Josefs-Chörle gestellte hervorragende Steinkruzifix stammt von 1521 und stand als Friedhofskreuz an der Westseite der Kirche. Auf dem ehemaligen Friedhofsplatz befindet sich heute eine Nachbildung des Kreuzes. Die Deckengemälde wurden bei der gut gelungenen Innenrenovation 1954–56 angebracht und stammen von einem Garmisch-Partenkirchener Freskenmaler. Das Äußere schließlich wird durch den alten gotischen Chor mit Strebepfeilern, hohen Fenstern und Chörlein, und durch den vortrefflich aufgeführten Westturm gekennzeichnet.

Der Offenburger Kirche kommt in dreifacher Hinsicht eine besondere Bedeutung zu: Das Vorarlberger Bauschema wurde hier von einem der begabtesten Meister aus dem Bregenzerwald eigenwillig abgewandelt, die Innenausstattung besitzt zahlreiche Höhepunkte und der Turm gehört zu den bestgeformten Barocktürmen Deutschlands.

Nach der fast völligen Zerstörung Offenburgs im 17. Jahrhundert durch die Franzosen ist die heutige Hl.-Kreuz-Kirche aus stehengebliebenen Resten der gotischen Vorläuferin in der ersten Hälfte des 18. Jahrhunderts in jahrzehntelanger Bauzeit wiedererrichtet worden. Außer durch den alten gotischen Chor mit Strebepfeilern, hohen Fenstern und Chörlein wird das Äußere des Gotteshauses besonders durch den fein ziselierten Turm gekennzeichnet.

13 Die ehemalige Abtei-kirche »St. Marien« in Gengenbach

Die ehemalige Abteikirche in Gengenbach ist außen sehr schlicht, besitzt aber einen originellen Barock-turm von 1714–16. Bemerkenswert der »Rücksprung« der Westfassade hinter den massigen Abteibau.

Im Mittleren Schwarzwald, etwa 10 Kilometer östlich von Offenburg, liegt im Kinzigtal der Luftkurort Gengenbach. Der Ort bildet den An-fangs- bzw. Endpunkt der bekannten »Badischen Weinstraße«, die auch durch die mit Rebbergen reich geseg-nete Ortenau führt. Wie Eckpfeiler eines Tores, durch das der Blick in das Herz der Oberrheinischen Tief-ebene nach Straßburg hinaus-schweift, greifen die westlichen Aus-läufer des Schwarzwaldes um die Tal-bucht. Mitunter reichen die ausge-dehnten Wälder bis fast an den Orts-kern heran, der mit seinen zahlrei-chen alten Bauwerken – Fachwerk-häusern, Rathaus, Kornhaus, Loe-wenberg-Palais, Scheffelhaus, Rats-kanzlei, Stadtmauer, Brunnen und Türmen, um nur die bedeutendsten zu nennen – daran erinnert, daß Gen-genbach einstmals Freie Reichsstadt war. Nordöstlich wird das Städtchen vom waldreichen Höhenzug des Moos überragt, der durch Grimmels-hausens Beschreibung im »Simplicius Simplicissimus« Berühmtheit er-langte.

Hinter dem Rathaus von 1784 liegt die ehemalige Kloster- und heu-tige Stadtkirche St. Marien. Sie ist eine der ältesten Kirchen der Orte-nau, deren Baugeschichte bereits im 8. Jahrhundert mit Gründung der ehemaligen Benediktinerabtei be-ginnt. Die heutige Kirche stammt in der Hauptsubstanz aus der ersten Hälfte des 12. Jahrhunderts und geht auf *Abt Friedrich* zurück. Sie wurde als dreischiffige Basilika mit Quer-schiff, Chorquadrum und Neben-chören erbaut. Das Gotteshaus hatte bereits mehrere Um- und Erweite-rungsbauten hinter sich, als es wäh-rend des Dreißigjährigen Krieges im Jahre 1643 zusammen mit den Abtei-Gebäuden und der Klostermauer fast völlig zerstört wurde. 46 Jahre später, 1689, steckten die Soldaten des *Mar-schalls Duras* die inzwischen wieder aufgebauten Kloster-Gebäude und die Kirche erneut in Brand. Im dar-auffolgenden Jahr begann unter dem tatkräftigen *Abt Placidus Thalmann* der Wiederaufbau von Abtei und Kirche, der sich bis ins dritte Jahr-zehnt des 18. Jahrhunderts hinzog und an dem nacheinander *Franz Beer* aus dem Bregenzerwald und *Johann Jakob Rischer* beteiligt waren; es war dies die sechste Bauperiode in der Geschichte der Kirche. Die ur-sprünglich romanische Kirche erhielt hierbei eine barocke Innenausstat-tung, die Säulen wurden den Pfeilern angeglichen und ummauert und die Fenster im Hochgaden vergrößert. Barock-Altäre, Figuren in Weiß und Gold gefaßt, neues Gestühl und eine neue Kanzel vervollständigten die Ausstattung in barockem Stil.

Im Jahre 1803 fiel das Kloster der Säkularisation zum Opfer und

Nach Vorbildern romanischer Kirchen schmückt Malerei die Wände zwischen Arkaden und Fensterzonen sowie die Säulen und Gesimse im dreischiffigen Langhaus des Gotteshauses. Dies alles wird von den Fenstern des Hochgadens erhellt und bringt die reiche Farbigkeit dadurch besonders zur Geltung.

Die ehemalige Abtei- und heutige Stadtkirche in Gengenbach ist eine der ältesten Kirchen der Ortenau, deren Baugeschichte bereits im 8. Jahrhundert beginnt. Zusammen mit der Abtei wiederholt zerstört, entstammt die heutige Kirche der siebenten und letzten Bauperiode gegen Ende des 19. Jahrhunderts. Die Gebäude des im Jahre 1803 säkularisierten Klosters, in ihrer heutigen Form das Werk Franz Beers nach der Zerstörung von 1689, beherbergen ein Pädagogisches Fachseminar.

vier Jahre später wurde die Ordensgemeinschaft aufgelöst. Gleichzeitig wurde die Abtei-Kirche Stadt-Pfarrkirche. Gegen Ende des 19. Jahrhunderts entschloß man sich, die einstmalige Harmonie zwischen Architektur und Innenausstattung wiederherzustellen. In dieser siebten und letzten Bauperiode wurden deshalb die Säulen wieder freigelegt, die Stuckverkleidung abgenommen sowie Wänden und Decken ihr heutiges Aussehen gegeben. Der goldverzierte Hochaltar des Baden-Badener Meisters *Roth* sowie die naturfarbene gotische Kanzel sind Meisterwerke der wiederauflebenden Kunst des Terrakotta. Nach dem Vorbild romanischer Kirchen wurden die Wand zwischen Arkaden und Fensterzone sowie Säulen und Gesimse mit Malereien geschmückt.

Das Äußere der Kirche ist sehr schlicht und weist nur an der Ostseite eine reichere Ausbildung der Architektur auf. Die gegliederten Wandpfeiler der drei Apsiden werden von einem Gurtgesims umzogen. Der Giebel über der Hauptapsis stammt aus der letzten Bauperiode. An der Westseite überrascht der Rücksprung der Kirchenfassade hinter dem massigen Abteigebäude. Lisenen und Blendbögen teilen die Mauerflächen des Portalgeschosses. Die reiche Farbigkeit der Malerei im dreischiffigen Langhaus wird von den

Fenstern des Hochgadens erhellt. Der Innenraum wird von einem breiten, farbigen Bilder-Fries zusammengefaßt: Dargestellt sind die Wunder Christi aus dem Evangelium, im südlichen Querschiff die Passion und im nördlichen die Legende von der Kreuz-Auffindung. Die Felder der Holzdecke enthalten unter anderem Bilder aus der Schöpfungsgeschichte.

Vom früheren Aussehen des mittelalterlichen Konventsgebäudes ist nichts mehr erkennbar. Der heutige Bau ist das Werk *Franz Beers* nach der Zerstörung von 1689. Offenbar in Anlehnung an die mittelalterliche Anlage schuf er zwei langgestreckte und in rechtem Winkel zueinander gestellte Gebäudeflügel mit Volutengiebeln und Obeliskenschmuck. Das würdige Eingangsportal im mittleren Westflügel ließ der 96. Abt der Reichsabtei, *Benedict Rischer,* Mitte des 18. Jahrhunderts ausführen. Das Treppenhaus dieses Traktes ist in stattlichem Rokoko gehalten. Die Wand- und Deckengemälde von *Göhler* aus neuerer Zeit stellen Mars, Pallas-Athene und eine Allegorie auf den Frieden dar. Der repräsentative Gebäudekomplex beherbergt heute ein Pädagogisches Fachseminar. 1975 wurde im Klostergarten das katholische Pfarrzentrum des Ortes erstellt und dabei ein Barockbrunnen freigelegt.

14 Die Wallfahrtskirche »Maria zu den Ketten« in Zell am Harmersbach

Die heutige Wallfahrtskirche »Maria zu den Ketten« besteht aus Bauteilen, die verschiedenen Stilepochen entstammen. Mit zunehmender Beliebtheit der Wallfahrt wurde die Kirche immer wieder zu klein, die von Jahr zu Jahr zahlreicher werdenden Pilger aufzunehmen, und mußte deshalb mehrmals vergrößert werden. Die letzte Erweiterung des Baues erfolgte 1910/11 um zwei Joche. Auf dem Kirchplatz der Gnadenbrunnen mit der Madonnenfigur von 1790, der sich früher an der Stelle der heutigen Sakristei befunden hat. An ihm soll sich einst der legendäre Einsiedler niedergelassen haben.

Das Harmersbachtal ist eines der schönsten und reizvollsten Seitentäler des Kinzigtales. Es zweigt bei Biberach von diesem ab und erstreckt sich, knapp 15 Kilometer lang, in nordöstliche Richtung. Trotz zunehmenden Fremdenverkehrs ist es ein relativ stilles Schwarzwaldtal geblieben, in dem auch heute noch schöne alte Trachten und stattliche Bauernhöfe anzutreffen sind. Kurz bevor der Harmersbach in die Kinzig einmündet, liegt am Zusammenfluß des Harmersbaches mit der Nordrach, die ehemalige freie Reichsstadt Zell am Harmersbach, heute ein beliebter Luftkurort und einer der Hauptorte des Tales. Die Geschichte des Städtchens und des ganzen Harmersbachtales, das als »Freies Reichstal Harmersbach« die einzige Bauernrepublik im damaligen heiligen römischen Reich Deutscher Nation war, reicht bis ins 12. Jahrhundert zurück.

Die Geschichte des Städtchens Zell und die der heute noch existierenden Wallfahrt ist eng mit der ehemaligen Abtei Gengenbach verknüpft. Ein Mönch aus dieser Abtei soll als Einsiedler am Harmersbach gelebt haben, möglicherweise als Verwalter der hier liegenden Klostergüter. Von der Zelle dieses Mönches erhielt dann der Ort, der nach und nach darum herum entstanden war, seinen Namen (Zelle – Zell). Die

Legende berichtet zwar, daß es sich bei diesem Mönch um den *Hl. Gallus* gehandelt habe, dieser Annahme widersprechen jedoch die Jahreszahlen. Denn der fromme Glaubensbote aus Irland lebte um 550–640, während die Abtei Gengenbach erst um 750 gegründet wurde. Nach der Legende soll der fromme Benediktinermönch nahe seiner Zelle in einem Rosenstrauch ein Marienbild aufgestellt haben, da er zum Gottesdienst nicht immer den Weg in die Abtei nach Gengenbach zurücklegen konnte. Auch die Gläubigen aus der Umgebung kamen schließlich, um dieses Marienbild, das sie »Maria zur Rose« nannten, zu verehren. Daraus entwickelte sich allmählich eine regelrechte Wallfahrt und im 14. Jahrhundert wird bereits von Prozessionen nach Zell zu dieser Stätte berichtet. 1480 errichtete daraufhin der Gengenbacher Abt *Jakob von Bern* eine Stiftung, die den Bau einer Wallfahrtskirche ermöglichen sollte.

Den eigenartigen Namen »Maria zu den Ketten« verdankt die Wallfahrt der Legende nach einem Ereignis, das sich zur Zeit der Kreuzzüge zugetragen haben soll: Ein frommer Schmiedegeselle aus Schuttern, der das Marienbild »Maria zur Rose« innig verehrte, geriet in türkische Gefangenschaft und legte in seiner Verzweiflung das Gelübde ab, seine Ketten am Gnadenbild aufzu-

Vor der Renovation im Jahre 1960 war das Innere der Kirche wenig geschmackvoll völlig bemalt. Bis auf das große Deckengemälde und die vier Medaillon-Fresken in den vier Ecken wurde diese Bemalung jedoch entfernt und durch eine einheitliche helle Farbgebung ersetzt.

hängen, wenn es ihm gelänge, jemals wieder in seine Heimat zurückzukehren. Daraufhin sind ihm die Ketten, mit denen er gefesselt war, von Händen und Füßen gefallen und ein weißes Pferd stand zum Ritt in die Heimat bereit. Heimgekehrt zog er mit den Talbewohnern in einer Prozession zum Gnadenbild, wo er sein Versprechen einlöste und der Marienstatue die Ketten umhängte.

Aus dem ersten Bauabschnitt im Jahre 1480 stammen nur mehr Teile der heutigen Wallfahrtskirche. Dieser älteste Teil der Kirche – mit Netzgewölbe und gotischen Fenstern – reicht bis zur Kanzel. Da sich im Laufe der folgenden Jahrhunderte immer mehr Pilger einfanden, mußte die Kirche mehrmals vergrößert werden. Dadurch besteht sie heute aus Bauteilen, die verschiedenen Stilepochen entstammen. Um 1550 wurde das Schiff um das Doppelte bis zum jetzigen Querbau verlängert. 1654 ist der Kirchenbau weitgehend erneuert worden, 1671 wurde ein Kapellenhaus und 1683 ein Brunnenhäuschen über dem Gnadenbrunnen hinzugefügt. 1742–44 erhielt die Kirche ein Querschiff, das eigenartigerweise nicht vorne, sondern hinten eingefügt wurde. Der Grund hierfür war, daß die Kirche buchstäblich »im Dorf bleiben« mußte. Sie stand nämlich bereits unmittelbar an der Grenze zur Stadt Zell und bei einer Verlänge-

rung vorne hätte sie in das Gebiet der Stadt hineingereicht. Schließlich erfolgte noch einmal eine Erweiterung des Baues um zwei Joche in den Jahren 1910/11, wobei man nunmehr auf die Stadtgrenze keine Rücksicht mehr nahm und zum Teil auf Zeller Boden baute. Neben den baulichen Veränderungen und Erweiterungen ist das Gotteshaus zwischen 1654 und 1971 insgesamt fünfmal renoviert worden, von denen die beiden jüngsten, 1961/62 und 1970/71 durchgeführten, als besonders gelungen bezeichnet werden können.

Dominierender Mittelpunkt der heutigen Wallfahrtskirche ist der spätbarocke Hochaltar mit dem vielverehrten Gnadenbild. Dieses fast einen Meter hohe Marienbildnis stammt aus der Zeit vor 1350 und ist, aus Kiefernholz geschnitzt, ein Kunstwerk früher Gotik. Allerdings wurde die Figur um 1703–15 barock umgestaltet und mit Strahlen, Zepter und Krone versehen. Am Bau des Hochaltars und der beiden Seitenaltäre waren ausschließlich Schwarzwälder Künstler beteiligt, so der mit dem Ortspfarrer von Zell verwandte *Philipp Winterhalder* und *Andreas Maulbertsch* aus Oberndorf. Vermutlich hat letzterer auch die Fresken geschaffen.

Vor der Renovation im Jahre 1960 war das Innere der Kirche wenig geschmackvoll völlig bemalt. Bis auf

das große Deckengemälde und die vier Medaillon-Fresken in den Ecken wurde die Bemalung jedoch entfernt und durch eine einheitliche helle Farbgebung ersetzt. Dadurch kommt der Hochaltar mit dem Gnadenbild, um das sich ja schließlich in dieser Wallfahrtskirche alles dreht, wieder voll zur Geltung.

Bis zur Säkularisation oblag den Benediktinern des Klosters Gengenbach die Seelsorge in der Zeller Wallfahrtskirche. An großen Wallfahrtstagen wurden sie unterstützt von den Kapuzinern des Klosters Haslach. Als die Klöster in Baden und Württemberg im Jahre 1918 wieder zugelassen wurden, übernahm der Kapuzinerorden die Wallfahrtskirche und errichtete gleichzeitig in Zell ein Kloster mit Internat.

15 Die Kirche »St. Arbogast« in Haslach

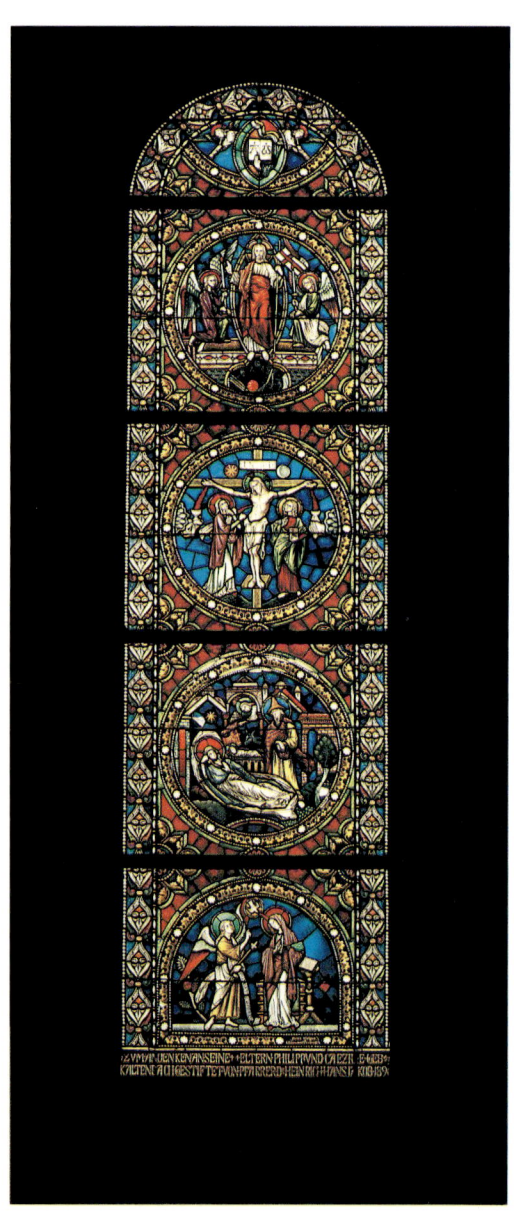

Das farbenprächtige Christusfenster im alten Langhaus, im Stil der alten Meister gefertigt, stammt von Fritz Geiges (1853–1935) einem Freund Heinrich Hansjakobs.

Das schöne Schwarzwald-Städtchen Haslach liegt im mittleren Kinzigtal an der Stelle, wo die Kinzig nach Nordwesten umbiegt, um Offenburg und der Rheinebene zuzustreben. An die reiche Vergangenheit des an der Schwarzwaldbahn gelegenen Erholungsortes erinnern der Stadtkern mit seinen schönen mittelalterlichen Fachwerkhäusern, der malerische Rohrbrunnen mit der barocken Statue des Stadtpatrons St. Sebastian, das Rathaus von 1733 und das ehemalige Kapuzinerkloster von 1630, in dem heute das Schwarzwälder Trachtenmuseum untergebracht ist. Im »Freihof« befindet sich das »Hansjakob-Museum«. Der Volksschriftsteller und Theologe *Heinrich Hansjakob* (1837–1916), dessen urwüchsige und die Schwarzwälder besonders charakterisierende Erzählungen heute noch gern gelesen werden, ist der bekannteste Sohn der Stadt. Prunkstück des Ortes ist die kath. Pfarrkirche St. Arbogast mit ihren zwei Türmen, einem gotischen und einem barocken, die das Gotteshaus zu einem charakteristischen und unverwechselbaren Bauwerk machen.

In ihrer heutigen Form stammt die Kirche zwar erst aus der Zeit um die Jahrhundertwende, ihre Anfänge reichen jedoch bis ins 15. Jahrhundert zurück. 1481 erhielt die seinerzeit fürstenbergische Residenz eine spätgotische Hallenkirche. Aber bereits knapp 300 Jahre später, im Jahre 1779, war die Haslacher »Mutter Kirch sowohl am Dach als Bühnewerck so ruinos und vermodert, daß es besonders in dem Chor auf dem Altar herunter regnet, und zu befürchten stehet, daß die Bühne herabfalle, und den Priester auf dem Altar totschlage.« Die Schäden an der Kirche waren in der Tat so groß, daß die zu Rate gezogenen Fachleute zu dem Ergebnis kamen, daß sich eine Instandsetzung des »zu tief im Boden stehenden, unschicklichen, unkommoden und irregulären Gebäus« nicht mehr lohne. Mit Hilfe von Geld- und Sachspenden (das Bauholz durfte in den fürstlich-fürstenbergischen Wäldern geschlagen werden) wurde 1780 mit dem Kirchenneubau begonnen. Die Bauausführung oblag dem Baudirektor der fürstlich-fürstenbergischen Hofkammer Donaueschingen, *Franz Joseph Salzmann*. Die baufällige spätgotische Kirche wurde bis auf ihren Turm, der in den Neubau einbezogen werden sollte, abgerissen. Bereits im November 1781 war die neue Kirche fertiggestellt, die Innenausstattung mit Stukkaturen von *J. Meisburger* zog sich aber noch bis 1792 hin; in diesem Jahr erhielt das Gotteshaus einen neuen Hochaltar und eine neue Glocke.

Während des gesamten 19. Jahrhunderts bestimmten umfangreiche

Prunkstück der Kinzigtal-Gemeinde Haslach ist die in ihrer heutigen Form um die Jahrhundertwende entstandene Pfarrkirche St. Arbogast. Ihre beiden Türme, ein gotischer und ein barocker, machen das Gotteshaus zu einem charakteristischen und unverwechselbaren Bauwerk.

Instandhaltungsarbeiten und Änderungen der Ausstattung die Bautätigkeit an der Kirche. Inzwischen war die Zahl der katholischen Einwohner Haslachs jedoch auf über Zweitausend angewachsen, der nur 360 Sitzplätze im Gotteshaus gegenüberstanden. Aus diesem Grunde wurde beschlossen, die Kirche zu erweitern, wozu man durch die großherzige Schenkung der nach Frankreich emigrierten Geschwister *Grieshaber* ohne allzu große finanzielle Schwierigkeiten in der Lage war. Der Erweiterungsbau wurde 1907–09 durchgeführt, von der alten Kirche blieben das Langhaus und der gotische Turm erhalten. Entfernt wurde praktisch nur der Chor, um ihn in größerer Entfernung originalgetreu wieder erstehen zu lassen. Zwischen ihn und das alte Langhaus wurden die Querhäuser eingeschoben, zu denen ein Vierungsbau mit herausgehobenem Pyramidendach als Angelpunkt überleitet. An der Nordseite des Chores wurde der neue Turm hochgezogen – zusätzlich zum erhalten gebliebenen spätgotischen Westturm am Anfang des alten Langhauses. In den folgenden Jahren griffen die Schwestern *Josephine* und *Philippine Grieshaber* noch mehrmals in ihre Taschen und spendeten namhafte Beträge für neue Nebenaltäre, ein neues Orgelwerk und einiges mehr. 1954 erhielt das Gotteshaus ein neues Geläut und

1955/56 wurde es grundlegend, aber seinem bisherigen Charakter Rechnung tragend renoviert. Im Augenblick wird die Kirche einer Außenrenovation unterzogen, der eine erneute Innenrenovation und die Erneuerung der Orgel folgen wird.

Beim Betreten der Kirche durch das schlichte Hauptportal unter dem Westturm wird man unwillkürlich von der Doppelreihe der jeweils vier schlanken Säulen mit kurzen Zopfkapitellen nach vorne zum Chorraum mit seinem Hochaltar gelenkt. Diese Säulenreihen zergliedern das Langhaus in einen dominierenden Mittelteil und zwei schmale Seitenteile, über die sich flache, in Felder geteilte Decken spannen. Die ebenfalls flache Decke des Mittelteiles wird vom St. Arbogast-Gemälde von 1908 geschmückt, das in seinem oberen Teil barock nachempfunden ist. Beherrschendes Stück der Innenausstattung ist der in weißem Sandstein und Hartstuck modellierte Hochaltar, der eine strenge klassizistische Formung zeigt. Schließlich muß auch noch das aus der alten Kirche übernommene, elegant geschwungene Rokoko-Gehäuse der Orgel von 1782/83 erwähnt werden, das eine Orgel aus dem Jahr 1913 enthält.

Zweifellos nimmt die St. Arbogastkirche in Haslach unter den um die Jahrhundertwende im Schwarzwald entstandenen Kirchen eine Son-

derstellung ein. Beim Bau dieser Kirche ist es nämlich in überzeugender Weise gelungen, Altes und Neues harmonisch zu vereinen; denn relativ vieles vom vorhanden gewesenen wertvollen Baubestand wurde in den Kirchenneubau mit einbezogen und blieb dadurch erhalten. Was zwischen gotischem Westturm, frühklassizistischem Langhaus und den in wuchtigen Louis-XVI-Formen aufgeführten Turmneubau entstanden ist, verschmolz geglückt zu einem einheitlichen Ganzen (nach *Hermann Brommer*).

16 Die Kirche »St. Alexius« in Herbolzheim

Die Herbolzheimer Stadtpfarr-kirche St. Alexius, ein stattlicher Barockbau aus dem Jahre 1754, wur-de zum Wahrzeichen des an Kultur-denkmälern reichen Städtchens.

Herbolzheim liegt in der reiz-vollen Landschaft am Westrand des Schwarzwaldes an der Grenze vom Breisgau zur Ortenau. Das Städtchen mit seinen zahlreichen sehenswerten, unter Denkmalschutz stehenden Bürgerhäusern aus dem 15., 16. und 17. Jahrhundert schmiegt sich an den rebumkränzten Kahlenberg, von dem man eine wunderschöne Aus-sicht ins Rheintal, zum Kaiserstuhl, zu den Bergen des nahen Hoch-schwarzwaldes und zu den Vogesen genießt. Neben dem Weinbau wird in Herbolzheim und seinem Umland aber auch Obstbau betrieben und die Wagenstadter Pflaumen und der dar-

aus gebrannte Schnaps sind weit über die Grenzen des Schwarzwaldes hin-aus bekannt (Wagenstadt ist ein Orts-teil von Herbolzheim).

Nicht so alt wie die herrlichen Fachwerkhäuser oder das reichver-zierte Rathaus, aber mindestens ebenso sehenswert, ist die katholi-sche Stadtpfarrkirche St. Alexius, ein stattlicher Barockbau aus dem Jahre 1754 und Wahrzeichen der Stadt. Die Kirche steht an der Stelle einer Vor-gängerin, von der man lediglich weiß, daß sie »uralt« und baufällig gewesen und der steigenden Bevölkerungs-zahl des Ortes nicht mehr gewachsen war. Offenbar hat man bei der Wahl

der Handwerker für den Kirchenneu-bau damals keine allzu glückliche Hand bewiesen; denn schon 1776, 22 Jahre nach seiner Vollendung, mußten wegen der »schlecht liederli-chen Bauart« im Innern der Kirche kostspielige Reparaturen durchge-führt werden. So mußte beispielswei-se das Gebälk des Kirchendaches teils verstärkt, teils ersetzt werden. Am unverständlichsten ist zweifellos die Fundamentierung des Turmes, für die wegen des schlechten Unter-grundes liegende Eichenstämme (!) verwendet wurden. Dies hatte zur Folge, daß sich der Turm bereits wäh-rend des Baues neigte und weil das

Holz schließlich morsch zu werden begann, hatte er sich im Jahre 1890 so weit nach Westen gesenkt, daß seine Neigung 99 cm betrug und Einsturzgefahr bestand. In einer für die damalige Zeit außerordentlich gewagten Aktion wude der Turm schließlich 1894/95 mit Baumstämmen unterfangen und der Untergrund umfassend saniert. Natürlich konnte die Neigung nicht korrigiert werden, die deshalb noch heute bei einer Anreise auf der Bundesstraße 3 von Süden her deutlich zu erkennen ist. An der Kirche selbst wurden 1798 erneute Reparaturen und Ausbesserungen erforderlich und 1880 und zuletzt 1910 ist sie schließlich mit großem Einfühlungsvermögen renoviert worden.

Das Innere des einschiffigen Gotteshauses wirkt durch den breit angelegten Chor bedeutender und weiträumiger, als es in Wirklichkeit ist. Die großen Fensteröffnungen werden von Stukkaturen gerahmt, die Wandflächen sind durch Pilaster gegliedert, auf deren schönen Kapitellen die reich bemalte Spiegeldecke mit Stichkappen aufruht. Die einzigen wirklich bedeutenden Künstler, die an der Ausgestaltung des Kirchenraumes beteiligt waren, sind der Maler *Johann Pfunners* aus Freiburg und *Hans Georg Gigl* aus der berühmten Wessobrunner Stukkatorenfamilie. Ihre Werke stehen denn auch bedeutend über dem Niveau der sonstigen Ausstattung der lichten, freundlichen Barockkirche.

Allein die Langhausdecke besitzt drei größere und zehn kleinere Gemälde, die Chordecke ein größeres Gemälde und sechs Lünettenbilder. Sie alle stammen von *Johann Pfunners* und werden vom meisterhaften Stuck *Hans Georg Gigls* kunstvoll umrahmt. Obwohl all diesen Gemälden kein einheitliches, durchgehendes Thema zugrunde liegt, kreisen doch die meisten von ihnen um die Verehrung Mariens. Das größte Gemälde der Kirche, das Hauptdeckenbild des Langhauses, ist eine Stiftung der nachweislich seit 1502 in Herbolzheim existierenden Bruderschaft vom Hl. Rosenkranz. Das Hochaltarblatt stammt zwar ebenfalls von *Pfunners*, ist jedoch künstlerisch weitaus weniger bedeutend als seine Deckengemälde. Die Gemälde der beiden Seitenaltäre sind Werke unbekannter Maler aus neuerer Zeit.

»Die heutige Stadtpfarrkirche St. Alexius in Herbolzheim ist ein gutes Beispiel dafür, wie die Neublüte künstlerischen Schaffens um die Mitte des 18. Jahrhunderts in der Oberrheinebene selbst die schmucken Dorfkirchen erfaßt hat ...« (Dr. A. *Schäfer*).

Der breit angelegte Chor mit seinen großen, von Stukkaturen gerahmten Fensteröffnungen, verleiht dem Inneren der einschiffigen Kirche eine bedeutende und weiträumige Wirkung. Der barocke Hochaltar, obwohl prächtig anzusehen, ist künstlerisch von nur geringer Bedeutung. Das gilt auch für das von Johann Pfunners aus Freiburg stammende Hochaltarblatt, eine Szene mit dem Kirchenpatron Alexius darstellend.

17 Die ehemalige Stiftskirche »St. Margaretha« in Waldkirch

Nördlich von Freiburg im Eingang zum Elztal liegt das reizvolle Städtchen Waldkirch. Der Ort ist wirtschaftlicher und kultureller Mittelpunkt dieses Tales, das mit seinen Seitentälern, deren berühmtestes das Simonswäldertal ist, zu den Hauptanziehungspunkten des Schwarzwaldes gehört. Beherrscht wird die Stadt vom gewaltigen, das Tal im Südosten um fast 1000 Meter überragenden Kandelmassiv. Aber dieser Berg ist nicht die einzige Sehenswürdigkeit Waldkirchs: Am nördlichen Ortsrand erhebt sich der 370 Meter hohe Kastelberg, von dessen Gipfel die Ruine der Kastelburg der *Herren von Schwarzenberg* aus dem 13. Jahrhundert herabgrüßt; südlich auf einem Kandelausläufer steht die Ruine der Stammburg dieses Geschlechtes; und im Ort selbst existieren mehrere sehenswerte Baulichkeiten, allen voran die herrliche barocke Pfarrkirche St. Margaretha, eine ehemalige Chorherrenstiftskirche.

Bereits im Jahre 918 wurde in Waldkirch ein Benediktinerinnenkloster gegründet, zu dem das Margarethenmünster, eine romanische Kirche mit Seitenschiffen, gehörte. Ab 994 Reichskloster, gewann die Abtei schließlich so an Bedeutung, daß sie den Klöstern Reichenau und Corvey gleichgestellt war. Nach dem Niedergang des Benediktinerinnenklosters und dem Tode der letzten

Äbtissin und Ordensfrau, *Agathe von Üsenberg,* wandelten die Pfarrer von St. Peter, St. Martin und St. Walburga 1431 die Abtei in ein Chorherrenstift für Weltgeistliche um, das bis zu seiner Säkularisierung im Jahre 1806 existierte.

Mit den Klostergebäuden hatten die Chorherren auch das altehrwürdige Margarethenmünster übernommen, das aber seinem Alter entsprechend immer baufälliger wurde. Nach mancherlei mißglückten Initiativen wurde 1732 dann endlich doch der Grundstein zu einer neuen Kirche gelegt. Auf Empfehlung des Abtes von St. Peter wurde der berühmte Vorarlberger Baumeister *Peter Thumb* mit der Ausführung des Baues beauftragt, der im großen und ganzen 1734 abgeschlossen war. Lediglich die Innenausstattung zog sich noch einige Jahre hin, nach deren endgültiger Fertigstellung des Gotteshauses 1738 eingeweiht wurde.

Obwohl St. Margaretha eine Saalkirche ohne eingezogene Wandpfeiler ist, verleugnet der Bau nicht seine Herkunft aus dem Vorarlberger Münsterschema. Die Kirche hat einen rechteckigen Grundriß, ein reduziertes Querschiff mit Mansardendächern, einen eingezogenen und nach außen nicht sichtbaren Chor und ein Satteldach, das vom Langhaus über den Chor durchgezogen ist. Nicht zuletzt durch die Lisenen an

Obwohl eine Saalkirche ohne eingezogene Wandpfeiler, verleugnet die ehemalige Stiftskirche »St. Margaretha« nicht ihre Herkunft aus dem Vorarlberger Münsterschema. Besonders beeindruckt der nur zu einem Viertel aus dem Baukörper ragende Turm mit seiner achteckigen Laterne.

der Stelle der Wandpfeiler, die die sieben Achsen außen andeuten, macht das Äußere der Kirche einen streng gegliederten Eindruck. Außerordentlich imposant und eindrucksvoll sind aber auch der nur zu einem Viertel aus dem Baukörper herausragende Turm und die klar gegliederte Westfassade.

Das Innere des Gotteshauses überrascht besonders durch seine Tiefe und die ungewöhnliche Breite des flachen Gewölbes. Da das fünfjochige Schiff pfeilerlos ist, kann man von jedem Platz der Kirche aus den Hochaltar sehen und dem Gottesdienst folgen. Das fünfte, etwas breitere Joch überwölbt eine kreisrunde Kuppel. Der Schmuck der Kirche ist dem Zeitpunkt ihrer Entstehung entsprechend außerordentlich reichhaltig. Von geradezu plastischer Eindringlichkeit sind die 14 Deckengemälde des Langhauses, die der aus Werberg in Tirol stammende Meister *Franz Bernhard Altenburger* geschaffen hat. Sie schildern das Leben und Sterben der Kirchenpatronin Margaretha. Das kostbarste Stück der Kirche ist zweifellos die prachtvolle Rokokokanzel, die vermutlich von dem bedeutenden Riedlinger Meister *Johann Josef Christian* stammt, dessen Schnitzarbeiten auch in den Klosterkirchen Ottobeuren und Zwiefalten zu finden sind. Die ganze Rückwand des Chores schließlich wird von dem

Außerordentlich beeindruckend ist der große Chor mit zwei offenen Emporen als Oratorien und dem von einem unbekannten Meister gearbeiteten Chorgestühl, dem ältesten Stück der Kircheneinrichtung. Die Rückwand wird vom mächtigen Rentabel des Hochaltars von Johann Michael

Winterhalter beherrscht. Der moderne Zelebrationsaltar im Vordergrund steht auf einem Bronzegeflecht, das die Bahnen der Sterne versinnbildlichen soll.

mächtigen Retabel des Hochaltars, einem Werk *Johann Michael Winterhalters* aus Vöhrenbach, beherrscht. Das große Hochaltarbild mit der Verherrlichung St. Margarethas malte der schon einmal erwähnte *Franz Bernhard Altenburger*.

Das Innere der Kirche wurde in den Jahren 1951 (Chor), 1956 (Langhaus) und 1957 (Hochaltarbild) restauriert, gleichzeitig ist das fehlende Schnitzwerk an der Choreinrichtung, den Beichtstühlen und den Seitenaltären ergänzt worden. 1974/75 kamen neue Bänke in die Kirche und die aus dem Jahr 1968 stammende Orgel wurde überholt und ergänzt. Der gründlichen Außenrenovierung im Jahr 1976 verdankt die Kirche schließlich ihre leuchtenden Farben, ein neues Dach und Doppelfenster. Dank dieser sehr gelungenen und den barocken Charakter der Kirche voll Rechnung tragenden Renovationen erstrahlt sie heute wieder in ihrem ursprünglichen barocken Glanz.

Abschließend sei noch die Glokke erwähnt, die auf dem Platz vor der Kirche steht. Sie wurde laut Inschrift an ihrem oberen Rand 1769 gegossen, stammt also aus den Anfängen der heutigen Stiftskirche. Einst rief sie als Betzeitglocke die Gläubigen zum Angelus und die Chorherrn zum Stundengebet.

18 Die Kirche der ehemaligen Benediktiner-Abtei zu St. Peter

Am Südhang des 1240 Meter hohen Kandel liegt auf einer weiten, sonnigen Hochfläche der Höhenluftkurort St. Peter. Berühmt wurde dieser reizvolle Schwarzwaldort durch die Kirche der ehemaligen Benediktinerabtei, die zu den schönsten Barockkirchen des gesamten Schwarzwaldes gehört.

Das ursprünglich von dem Hirsauer Abt *Wilhelm* in Weilheim an der Teck gegründete Kloster wurde im Jahre 1093 nach St. Peter verlegt und durch *Herzog Berthold II.* von Zähringen als Hauskloster seines Geschlechtes eingerichtet. Die erste Klosterkirche war sicherlich noch aus Holz, aber bereits im Jahre 1148 wurde ein Gotteshaus aus Stein errichtet, dessen Anlage ebenso wie die des zugehörigen Klosters den Baugewohnheiten der Hirsauer entsprach. In dieser Kirche fanden wie in allen nachfolgenden Gotteshäusern St. Peters zahlreiche Zähringer ihre letzte Ruhestätte und das Stift blieb bis zu seiner Auflösung im Jahre 1806 stets nur Hauskloster dieses Geschlechtes, ein stilles, relativ unbedeutendes Schwarzwaldkloster der Benediktiner.

Viermal in ihrer Geschichte ist die Klosterkirche zusammen mit dem Stift Großbränden zum Opfer gefallen, zuletzt 1678. Während jedoch die Kirche nach den drei ersten Bränden stets wieder neu aufgebaut wurde, konnte wegen der erdrückenden Schuldenlast des Klosters nach der letzten Brandkatastrophe nur ein Notbau errichtet werden. Der letzte Kirchenneubau, die heute noch existierende Klosterkirche, wurde erst knapp 50 Jahre später, von 1724 bis 1727, durch den Vorarlberger Baumeister *Peter Thumb* erstellt. Neben Thumb wirkten an diesem Kirchenneubau als weitere bedeutende Künstler u. a. der aus dem Tessin stammende Stukkateur *Johann Baptist Clemens*, der Maler *Franz Joseph Spiegler* aus Konstanz und der Bildhauer und Stukkator *Joseph Anton Feuchtmayer*, einer der bedeutendsten Wessobrunner, mit. Eingeweiht wurde das Gotteshaus zwar schon 1727, die Vollendung der Innenausstattung zog sich jedoch bis tief ins 18. Jahrhundert hinein.

In dieser Zeit gelangte das Stift zu seiner ersten und einzigen großen Blüte, besonders auch auf wissenschaftlichem Gebiet: *P. Gregor Baumeister* ist als Geschichtsforscher unvergessen, *P. Blasius Meggle* und *P. Taddäus Rinderle* haben sich als Naturwissenschaftler einen Namen erworben. 1806 fiel das Kloster der Säkularisation zum Opfer, nachdem es 700 Jahre lang die Gräber der Zähringer gehütet hatte. 1813 wurde der Bau vorübergehend zu einem Militärlazarett zweckentfremdet, 1842 ist er jedoch der Kirche zurückgegeben

Der Innenraum ist eine licht-durchflutete Vorarlberger Halle, in die mächtige Wandpfeiler einschnei-den, die durch eine kräftige Galerie zusammengebunden werden und Ka-pellenräume für die Seitenaltäre schaf-fen. Darüber spannt sich ein durch Gurte zwischen den Wandpfeilern un-terteiltes Tonnengewölbe. Zwischen Chor und Langhaus das reiche Schmiedegitter des Michael Reinhart von 1728.

Rechte Seite: Die Bibliothek stellt die größte Sehenswürdigkeit des ehe-maligen Klosters dar. Sie gilt als »der schönste Rokokoraum im Breisgau«. Heute enthält die Bibliothek überwie-gend Doubletten, die dem in St. Peter beheimateten Priesterseminar von verschiedenen Staatsbibliotheken überlassen worden sind.

Beherrschender Mittelpunkt des auf einem flachen südöstlichen Ausläufer des Kandels gelegenen Höhenluftkurortes und Wintersportplatzes St. Peter ist die ausgedehnte ehemalige Benediktinerabtei, deren Anfänge bis ins Jahr 1093 zurückreichen. Nach mehreren Großbränden immer wieder aufgebaut, wurde das Kloster 1806 säkularisiert und dient seit 1842 als Priesterseminar der Erzdiözese Freiburg.

worden. In diesem Jahr zog das heute noch existierende Priesterseminar der Erzdiözese Freiburg in St. Peter ein und seitdem pulsiert an dieser altehrwürdigen Stätte wieder neues und sinnvolles kirchliches Leben. 1961–66 wurden Kirche und große Teile des Klosters sehr geglückt renoviert. So weit wie möglich wurde hierbei der ursprüngliche Zustand wiederhergestellt, insbesondere ist die nicht sehr gute farbliche Neufassung der Renovation von 1873–75 wieder entfernt worden.

Die dreiteilige und doppeltürmige, mit Rotsandstein verkleidete Fassade der Kirche erweckt einen eindeutigen und imposanten Eindruck vorarlbergischer Baukunst. Der Kirchenraum ist hierfür besonders charakteristisch: der Besucher betritt eine lichtdurchflutete Halle mit drei Jochen im Langschiff, in die mächtige Wandpfeiler mit groß erscheinenden Pilastern, reichen korinthischen Kapitellen und starkem Gesims einschneiden. Diese Wandpfeiler werden durch eine kräftige Galerie zusammengebunden, unter der sich die Kapellenräume für sechs Seitenaltäre befinden. Das vierte Langhausjoch springt aus der Außenflucht etwas hervor und ist durch seine größeren Dimensionen und die zu einer schmalen Brücke geformten Empore zu einem Querhaus ausgebildet. Die ganze Kirche wird von einem durch

Gurte zwischen den Wandpfeilern unterteilten Tonnengewölbe überspannt.

Vom ehemaligen Kloster selbst stellt die Bibliothek die wohl größte Sehenswürdigkeit dar, die als »der schönste Rokokoraum im Breisgau« gilt. Von den einstigen klösterlichen Bücherbeständen (an die 14 000 Bände!) ist nicht mehr viel vorhanden. Die wertvollsten Schätze kamen zusammen mit dem Kirchenschatz bei der Auflösung des Klosters nach Karlsruhe. Der jetzige Bücherbestand kam zum großen Teil 1842 nach St. Peter. Es handelt sich überwiegend um Doubletten, die verschiedene Staatsbibliotheken dem Priesterseminar überlassen haben.

19 Die ehemalige Augustiner-Chorherrenstifts-Kirche in St. Märgen

Hervorgegangen aus dem 1118 gegründeten Augustiner-Kloster »Mariazell auf dem Schwarzwald« ist die zweitürmige Barockkirche St. Märgens noch immer eine der meistbesuchten Wallfahrten des Schwarzwaldes und Wahrzeichen des beliebten Fremdenverkehrsortes. Der heutige Bau stammt aus dem Jahre 1908, nachdem die Kirche ein Jahr zuvor durch Blitzschlag völlig zerstört worden war.

Der Luftkurort und Wintersportplatz St. Märgen liegt frei und weithin sichtbar auf der Hochfläche eines breiten, von dichten Wäldern umgebenen Bergrückens südwestlich des Wildgutachtales. Der Ort, einer der beliebtesten und bekanntesten Fremdenverkehrsorte des ganzen Schwarzwaldes, wird von einer herrlichen Panoramastraße erschlossen, die wenige Kilometer weiter südöstlich, beim Gasthaus Thurner, von der als »Schwarzwaldhöhenstraße« bezeichneten Bundesstraße 500 abzweigt. Sowohl diese Zufahrtsstraße als auch St. Märgen selbst bieten überragende Ausblicke südlich über das Höllental hinweg zum Feldberg und zum Schauinsland, die eine einmalig schöne Kulisse dieser Landschaft bilden.

Wahrzeichen St. Märgens ist die zweitürmige Barockkirche, die noch immer eine der meistbesuchten Wallfahrtsstätten des Schwarzwaldes ist. Hervorgegangen ist sie aus dem Augustiner-Kloster »Mariazell auf dem Schwarzwald«, das im Jahre 1118 gegründet wurde. Um 1100 ist die Hochfläche vom Wagensteigtal aus besiedelt worden und im Zuge des Siedlungsausbaues kamen auf Initiative des Straßburger Dompropstes *Bruno* aus dem Grafengeschlecht Haigerloch-Wiesneck aus dem Bistum Toul in Lothringen Augustiner-Chorherren auf diese Schwarzwaldhöhe.

Von Anbeginn stand das Stift unter keinem besonders glücklichen Stern. Bereits in den ersten Jahren seines Bestehens konnte es nur durch die Unterstützung des *Bischofs Ulrich von Konstanz* seine Selbständigkeit bewahren und die Einverleibung in das benachbarte Benediktinerkloster abwenden. In den folgenden Jahrhunderten kam es zu schweren Fehden zwischen dem Kloster und den dem Freiburger Stadtadel entstammenden Vögten, die schließlich 1355 zur Ermordung des Abtes *Konrads III.* führten. Doch auch die folgenden 350 Jahre brachten dem Stift fast ausschließlich Not und Elend. Spannungen innerhalb des Klosters, zwei weitere Ermordungen von Äbten und Feuersbrünste, die Klostergebäude und Kirche mehrmals in Schutt und Asche legten, brachten das klösterliche Leben in St. Märgen fast völlig zum Erliegen.

Erst mit der Wahl des Propstes *Andreas Dilger* im Jahre 1713, der bis dahin Chorherr zu Kreuzlingen am Bodensee gewesen war, kamen glücklichere Zeiten für das Kloster. Dieser tatkräftige Propst begann 1716 mit dem Wiederaufbau des Klosters und dem völligen Neubau der Kirche. Die Bauausführung oblag dem aus dem Kleinen Walsertal stammenden Baumeister *Johannes Mathies*, für die Zimmermannsarbeiten konnte der aus dem Bregenzerwald stammende, in Freiburg ansässige *Johannes Griesing* gewonnen werden. 1718 war der Kirchenneubau beendet und wenige Jahre später, im Oktober 1723, erhielt die Kirche auch ihr Gnadenbild zurück, das 1462 während der Wirren, in denen sich das Kloster befand, nach Allerheiligen bei Freiburg überführt worden war. Auch nach dem Tode von *Abt Dilger,* der als zweiter Begründer des Klosters anzusehen ist, im Jahre 1736 nahm die Geschichte des Klosters weiter einen glücklichen Verlauf. Sein Nachfolger, *Abt Peter Glunk,* vollendete das begonnene Werk; er vervollständigte die Ausstattung des Gotteshauses und baute auch den Rest des Klosters wieder auf. In der zweiten Hälfte des 18. Jahrhunderts begann das Kloster regelrecht zu erblühen und neben der Pflege von Kunst und Wissenschaft wurde auch die einheimische Uhrenindustrie stark gefördert.

Leider war dem Kloster die glückliche Zeit nicht allzu lange beschieden; denn mit Beginn des 19. Jahrhunderts kam die Säkularisierung und damit die Auflösung auch dieses Klosters. Die Klostergebäude wurden aufgeteilt und größtenteils zu Privatwohnungen umgestaltet. Ein Teil des Prälatenhauses wurde Pfarrhaus, in den anderen Teil zog das Bürgermeisteramt ein. Was die Säkularisierung jedoch nicht erreichen konnte, das war die Beendigung der Wallfahrt, die bis zum heutigen Tage bestehen blieb.

Im September 1907 schlug während eines Gewitters der Blitz in die Kirche ein und zerstörte sie völlig, die früheren Klostergebäude teilweise. Noch im gleichen Jahr wurde mit dem Bau der neuen Kirche unter Anlehnung an den alten Bestand begonnen und auch die Innenausstattung entsprach nach dem 1908 abgeschlossenen Wiederaufbau weitgehend der des Gotteshauses von 1717/18. Nur wenig konnte aus der Vorgängerkirche vor den Flammen gerettet und in die neue Kirche übernommen werden: neben mehreren guten Arbeiten von *Matthias Faller* (um 1770–80) vor allem das Gnadenbild der Wallfahrt, eine sitzende Madonna aus dem frühen 12. Jahrhundert (1951 sehr gut restauriert).

Beim Eintritt in das Gotteshaus gelangt man in einen hellen, lichtdurchfluteten Saal, der auch nach dem Brand von 1907 wieder in festlich-barocker Pracht erstrahlt. Der heutige Hochaltar ist dem früheren prachtvollen Hochaltar *Martin Hermanns* hervorragend nachgebildet und beherbergt auch die geretteten Originalfiguren *Matthias Fallers.* Auch die beiden Seitenaltäre im Langhaus der Kirche sind Nachbildungen der durch den Brand vernichteten Originale. Das Gnadenbild befindet sich in der linken Seitenkapelle des Gotteshauses. Die Figur ist mit reichen Barockgewändern bekleidet, so daß das Kind auf dem linken Knie der Madonna, dem sie gerade einen Apfel reicht, verhüllt ist. Erwähnenswert sind schließlich noch die sehr schönen Deckenfresken von *Professor Kolmsberger,* die aus dem Leben der Gottesmutter berichten. Diese Gemälde wurden zwar mit großem Einfühlungsvermögen in den barocken Stil geschaffen, ersetzen aber nicht die durch den Brand verlorenen Werke *Fiertmayers.* »Es ist bedauerlich, daß der Brand 1907 die alte Wallfahrtsstätte fast völlig zerstört hat. Doch mit viel Liebe hat man das Alte wiedererstehen lassen.« (Manfred *Hermann).*

Der heutige Hochaltar ist dem durch den Brand zerstörten früheren prachtvoll aufgebauten Hochaltar nachgebildet. Glücklicherweise konnten wenigstens die lebensgroßen, hervorragenden Figuren des Matthias Faller (1707–91) gerettet werden: der hl. Augustin mit dem flammenden Herzen, die ernste Gestalt Johannes des Täufers, Johannes der Evangelist und der 1730 seliggesprochene Augustiner Peter Forerius.

20 Die Kirche »St. Johannes Baptist« in Breitnau

Rechte Seite: Mittelpunkt des auf einem weiten sonnigen Hochplateau unweit der Straße von Hinterzarten nach St. Märgen mit großartiger Aussicht zum Feldbergmassiv gelegenen Fremdenverkehrsortes ist die 1753 gegen den erbitterten Widerstand der einheimischen Bevölkerung erbaute Pfarrkirche St. Johann Baptist. Das äußerlich sehr schlichte Gotteshaus steht im Friedhof des Ortes.

Der Luftkurort und Wintersportplatz Breitnau liegt auf einem weiten sonnigen Hochplateau an der Straße von Hinterzarten nach St. Märgen. Weit reicht der Blick über die den Ort umgebenden bewaldeten Höhen hinweg zum Feldbergmassiv und bis zu den Vogesen und Alpen. Den Mittelpunkt des Kurortes bildet neben dem neuerbauten Kurhaus mit seinen vielfältigen Einrichtungen die historische Dorfkirche mit ihrem behäbigen Turm.

Erbaut wurde sie 1753 unter Pfarrer *Carl Ludwig Magon*, einer herausragenden Priesterpersönlichkeit, anstelle einer aus dem Mittelalter stammenden Kirche, die der genannte Pfarrer als eine »enge, niedrige, rußige, staubige, das Pfarrvolk keineswegs ehrbar zu fassen vermögende alte Kirche« bezeichnete. Der Kirchenneubau kam gegen den starken Widerstand der Breitnauer Bauern zustande, die dem Pfarrer die für den Bau notwendigen Fronfuhren verweigerten. Mit dieser Verweigerung wollten die Bauern vermutlich ihrer Abneigung Ausdruck verleihen, die sie gegenüber ihrem alten strengen Pfarrer hegten. *Max Rieple* schildert die damalige Situation in seinem Buch »Der Hochschwarzwald – Heimatbuch eines Landkreises« (Konstanz 1965) sehr treffend, wenn er schreibt: »Mag dieser (gemeint ist Pfarrer Magon) aus dem Blickpunkt

der Hinterzartener Kapläne in noch so ungünstigem Licht erscheinen, und mochten ihm die eigenen Pfarrkinder oft größte Schwierigkeiten bereitet haben, sicher ist, daß er durch seine Tatkraft, seine organisatorischen Maßnahmen und vor allem durch den Bau der Breitnauer Kirche sich ein viele Jahrhunderte überdauerndes Denkmal gesetzt hat. Er fühlte sich berufen, mit eisernem Besen Ordnung zu schaffen, gegen den rapiden Verfall der Sitten und gegen ungesunde soziale Verhältnisse mit aller Kraft anzugehen. So errichtete er ein Arbeitshaus und versuchte trotz verschiedentlichen Widerstandes die Heimindustrie einzuführen. Wie verhaßt Magon zeitweise bei den eigenen Pfarrkindern war, beweist das böse Wort der Bauern, die drohten, lieber die Pferde totzuschlagen als eine Fuhre zum Kirchenneubau zu leisten. Trotzdem entstand das Bauwerk mit Hilfe eines gerichtlichen Befehls der Sickingischen Herrschaft. Wenn man den Aufzeichnungen glauben darf, wurde das Richtfest schließlich in geradezu schwelgerischer Form und breughelscher Ausgelassenheit im Innern des geräumigen, noch unfertigen Kirchenschiffes gefeiert.«

Das erwähnte Richtfest fand am 10. Juli 1753 statt und am 28. Oktober war der Kirchenbau so weit fertiggestellt, daß die Gemeinde ihren ersten

Das stattliche, saalartige Langhaus der Breitnauer Kirche mit seinen weichen Übergängen von den Seitenwänden zum eingestellten Chorbogen hin strahlt eine heitere Stimmung aus. Das ist nicht zuletzt dem farbigen Dreiklang des warmen Ockergelb an den Wänden, des cremigen Weiß der Decke und des kräftigen Rosa der durch Stuckprofilleisten abgesetzten, beide verbindenden Hohlkehle zu verdanken. Harmonisch fügen sich die drei Altäre, der mächtige Hochaltar von 1779 und die beiden Seitenaltäre von 1754, in den Kirchenraum.

fcierlichen Gottesdienst abhalten konnte. Der Innenausbau zog sich dann noch bis zum Jahr 1755 hin, einen neuen Hochaltar erhielt die Kirche sogar erst 1779. Bis dahin hatte man den aus der Vorgängerkirche verwendet. In den folgenden zweihundert Jahren wurden mehrere Teilrenovierungen in der Kirche vorgenommen. Zwei Blitzschläge in den Turm in den Jahren 1803 und 1853 machten überdies Ausbesserungen am Mauerwerk von Turm und Langhaus erforderlich. Die erste umfassende Renovierung, zu der auch Restaurationen und umfangreiche Umbauarbeiten gehörten, erfolgte 1976/77 unter dem heutigen Pfarrer *Siegfried Merkel.*

Das nach außen schlichte Gotteshaus steht im Friedhof, der von einer niedrigen, mit Schindeln überdachten Mauer abgegrenzt ist. An der Südseite des Chores erhebt sich der mächtige, gedrungene und mit kräftigen Sandsteinquadern verblendete Turm, dessen beide unteren Geschosse ein Überbleibsel der Vorgängerin der heutigen Kirche aus dem 13. Jahrhundert sind. Östlich schließt sich dem Turm eine schmale, rechteckige Sakristei mit altem Kreuzgratgewölbe an. Das Langhaus mit seinen vier rundbogig geschlossenen Fenstern ist nur wenig gegliedert, der schlichte, eingezogene und dreiseitige Chor fügt sich in gleicher Firsthöhe an.

Das saalartige Langhaus mit seinen weichen Übergängen von den Seitenwänden zum eingestellten Chorbogen hin strahlt eine heitere Stimmung aus. Der Chor mit dem mächtig aufsteigenden Hochaltar von dem berühmten Schwarzwälder Bildhauer *Matthias Faller* aus dem Jahre 1779 ist um drei Stufen erhöht. Die Seitenaltäre von 1754, typische Rokokowerke voller Schwung und Temperament, sind Werke der Villinger *Joseph Anton Hops* und *Thaddä Votzeler.* Von den gleichen Meistern und aus dem gleichen Jahr stammt die trotz zierlicher Rokoko-Ornamente schlichte, jedoch fein durchkomponierte Kanzel. Das große Langhausfresko von *Johann Sebastian Schilling* aus dem Jahre 1753 mit der Gottesmutter als Mittelpunkt soll das Ziel des Menschen veranschaulichen. Den unteren Teil des Bildes nimmt eine waldige Berglandschaft ein mit der Breitnauer Kirche in der Mitte, flankiert von der Filialkirche Hinterzarten und der alten Mutterkirche St. Oswald im Höllental.

Durch die jüngste Renovierung erhielt die Kirche, die zweifellos zu den beachtenswertesten Kirchen des südlichen Schwarzwaldes gehört, ihren einstigen barocken Glanz zurück. Die wertvolle alte Ausstattung wird ergänzt durch die harmonisch in das Gotteshaus eingefügte Einrichtung. Hervorzuheben sind der aus Sandstein erbaute Zelebrationsaltar und die hervorragende neue Orgel, deren großartiger Klangcharakter an die berühmten Silbermannorgeln erinnert.

21 Die Kirche »Maria in der Zarten« in Hinterzarten

Der heilklimatische Kurort und Wintersportplatz Hinterzarten im Hochschwarzwald ist außerordentlich reich an Sehenswürdigkeiten, an landschaftlichen wie auch an solchen, die von Menschenhand geschaffen wurden. Zu den letzteren gehören die wunderschönen alten Schwarzwaldbauernhöfe, die zum Teil noch aus dem 16. Jahrhundert stammen, aber auch die St.-Oswald-Kapelle bei Höllsteig, die bereits 1148 erbaut wurde und damit die älteste Kirche des Hochschwarzwaldes überhaupt ist. Besonders sehenswert ist jedoch die Pfarrkirche des Ortes, Maria in der Zarten, die ihr heutiges Gesicht der Tatsache verdankt, daß sie die wachsende Zahl von Gläubigen – Einheimischen wie Gästen – schon lange nicht mehr aufnehmen konnte.

Die Urzelle der Hinterzartner Pfarrkirche war eine kleine Wallfahrtskapelle mit einem Marienbildnis, nahe dem Zartenbach gelegen, wo ein heilkräftiger »Schwefelbronn« aus dem Boden sprudelte. Wegen der zunehmenden Bedeutung der Wallfahrt wurde im Jahr 1416 eine größere gotische Kirche erbaut und die Kapelle als Untergeschoß für den Turm der neuen Kirche benutzt. Während der folgenden Jahrhunderte nahm die Wallfahrt weiterhin an Bedeutung zu, so daß um 1600 eine Vergrößerung des Gotteshauses notwendig wurde. Zwischen 1722 und 1734 ent-

schloß man sich zu einer erneuten Erweiterung.

Die Aufklärung Ende des 18. Jahrhunderts hatte ein starkes Nachlassen der Wallfahrt zur Folge und unter *Maria Theresia* und *Joseph II.* kam sie fast ganz zum Erliegen. Fast gleichzeitig mit dem Niedergang der Wallfahrt – im Jahre 1799 – wurde Hinterzarten jedoch zur Pfarrei erhoben. War also »Maria in der Zarten« als Wallfahrtskirche von nun an nahezu bedeutungslos, so übernahm sie jetzt die Funktion einer Pfarrkirche des Ortes, der ja kein weiteres Gotteshaus besaß.

In der Zwischenzeit war die Gemeinde weiter gewachsen. Hinzu kam, daß sich Hinterzarten zu einem beliebten und bedeutenden Fremdenverkehrsort entwickelte. Bereits vor dem Ersten Weltkrieg sollte deshalb – der ständig steigenden Besucherzahl Rechnung tragend – die Kirche erweitert werden und man dachte zunächst an den Anbau eines Seitenschiffes. Dieser Plan gelangte jedoch ebenso wenig zur Ausführung wie spätere Pläne, da die beiden Weltkriege ihre Verwirklichung verhinderten. Nach dem Zweiten Weltkrieg wurde jedoch die Vergrößerung der Kirche notwendiger denn je und es stellte sich die Frage, ob eine völlig neue Kirche erbaut oder die vorhandene umgebaut und erweitert werden sollte. Nicht zuletzt um das Anden-

Urzelle der Hinterzartener Kirche »Maria in der Zarten« ist eine Wallfahrtskapelle, die schon vor 1400 existiert hat und sich im Untergeschoß des heutigen Kirchturms befindet. Das heutige Gotteshaus stammt aus dem Jahr 1962, nachdem die 1416 erbaute und in der Folgezeit mehrmals vergrößerte und umgebaute Kirche endgültig zu klein geworden war. Turm und Chor im Osten sind ebenso wie die Barockaltäre von der alten Kirche übernommen worden.

Oben: Das Innere der neuen Kirche, ein festlicher, lichtdurchfluteter achteckiger Raum mit verschiedenen hoch geführten Mauern, vermittelt einen Eindruck ungewöhnlicher Weite und Helligkeit. Die drei Barockaltäre aus der alten Kirche wurden, nachdem sie während des Kirchenneubaues neu gefaßt worden sind, in der früheren Anordnung wieder aufgestellt.

Links: Madonna mit Kind vom Hochaltar (frühbarock).

ken an die einstmals berühmte Wallfahrt zu wahren, entschloß man sich zu einem Umbau, der jedoch im Ergebnis fast einem völligen Neubau gleichkam.

Am Aschermittwoch des Jahres 1962 wurde der letzte Gottesdienst in der alten Kirche gehalten, danach das Schiff abgerissen und im April des gleichen Jahres mit dem Neubau eines Kirchenraumes begonnen. Turm und Chor sind von der alten Kirche übernommen worden und es war für den Architekten, *Hugo Becker* aus Mainz, sicherlich keine leichte Aufgabe, den modernen Neubau mit den bestehenden barocken Bauteilen übergangslos und harmonisch zu verbinden. Offenbar ist ihm dies auf recht überzeugende Weise gelungen, denn der Umbau fand und findet allgemeine Zustimmung und wohlwollende Beachtung.

Das Äußere des Gotteshauses zeigt drei Bauabschnitte: Im Nordosten steht auf quadratischer Grundfläche der alte wehrhafte Turm aus dem 13. Jahrhundert, dessen Untergeschoß die erste Wallfahrtskapelle des Ortes war. Aus dem 18. Jahrhundert stammt dagegen die achteckige Erhöhung dieses Turmes mit der bemerkenswert großen, gedrungenen Zwiebel, bis zum heutigen Tage das Wahrzeichen von Hinterzarten. Sie war ursprünglich mit Schindeln und später mit Schiefer gedeckt, erhielt

jedoch im Zusammenhang mit dem Kirchenumbau 1962 aus Witterungsgründen eine Kupferdeckung. Ebenfalls aus dem 18. Jahrhundert stammt der Chor, an den sich nun der neue achteckige Kirchenraum mit verschieden hoch geführten Mauern und spitzzulaufendem Zeltdach anschließt. Die Sakristei, abgesetzt vom Hauptbau, um dessen klare Form nicht zu stören, ist durch die Taufkapelle mit dem Kirchenraum verbunden.

Das Innere des Gotteshauses zeigt sich als festlicher, lichter Raum, der von vier sich gegenüberstehenden Lamellenwänden mit abstrakt gestalteten Glasbetonfenstern erhellt wird. Das mit nordischer Fichte verkleidete Zeltdach, achteckig wie der Grundriß der Kirche, vermittelt ein Gefühl von großer Höhe und Schwerelosigkeit. Die drei Barockaltäre aus der alten Kirche wurden nach gründlicher Renovation in der früheren Anordnung wieder aufgestellt. Vor dem Hochaltar steht allerdings nun ein einfacher und schlichter Volksaltar in Tischform – und zwar nicht mehr im Chor, sondern schon deutlich im neuen Kirchenraum. Der Hochaltar ist eine gute Arbeit aus der Zeit um 1750. Sein Mittelstück ist eine vergrößerte Nachbildung des alten Gnadenbildes der Wallfahrt: Vor einem von Silberwolken und Goldstrahlen umgebenen Oval steht eine

Madonna mit Kind, in der rechten Hand das Zepter. Diese Madonna ist »Maria in der Zarten«, der das Gotteshaus seinen Namen verdankt.

Zweifellos kann »Maria in der Zarten« als Beispiel dafür gelten, daß es durchaus möglich ist, das Alte, Bewahrenswerte sowie das unseren heutigen Vorstellungen entsprechende Neue miteinander zu einer beglückenden Synthese zu verschmelzen.

22 Die Kirche »St. Gallus« in Kirchzarten

Mitten im breiten, fruchtbaren Dreisambecken, am Eingang zum berühmten Höllental und umgeben von den bewaldeten Ausläufern von Schauinsland, Feldberg und Kandel, liegt das stattliche Kirchzarten, ein aufstrebender, staatlich anerkannter Luftkurort. Die Geschichte dieser Ortschaft ist eng mit der des benachbarten Freiburg verknüpft. So mußte Kirchzarten mit dieser Stadt neben manchem anderen auch das Schicksal einer schweren Verwüstung während des Dreißigjährigen Krieges teilen, was sich natürlich auch auf den Zustand der im gotischen Stil erbauten Pfarrkirche des Ortes auswirkte.

Der Patron dieser Kirche – St. Gallus – weist deutlich auf die Gründung der Pfarrei durch St. Galler Mönche hin. Die erstmals im Jahre 816 urkundlich erwähnte damalige Kirche übertraf mit ihren beachtlichen Maßen andere, vergleichbare Dorfkirchen um mehr als das Doppelte. Wie Grabungen im Innern der heutigen Kirche ergeben haben, ist diese Urkirche offenbar durch einen Brand völlig zerstört worden. Über den alten Fundamenten muß aber anschließend sofort eine neue Kirche erbaut worden sein, von der nur mehr Teile in der Nordwand des heutigen Langhauses erhalten sind. Denn auch dieses zweite Gotteshaus fiel – allerdings nur teilweise – einem Brand zum Opfer, wurde aber wiederhergestellt. Wann sich diese Ereignisse abgespielt haben, ist heute nicht mehr einwandfrei zu ermitteln. Vieles deutet aber darauf hin, daß es im 11. oder 12. Jahrhundert geschehen ist.

Bis zum Ende des Mittelalters blieb dieser dritte Kirchenbau offensichtlich unverändert. Dann jedoch setzten zahlreiche Um- und Erweiterungsbauten ein und die Kirche bekam in den folgenden dreihundert Jahren allmählich ihre heutige Form und Ausstattung. Viele der in diesem Zeitraum durchgeführten Baumaßnahmen sind sicherlich auch dadurch notwendig gewesen, weil der Dreißigjährige Krieg und die Franzosenkämpfe des 17. Jahrhunderts manches zerstört oder verdorben haben, was dann erneuert oder ausgebessert werden mußte. Die erste nennenswerte Renovation der Kirche erfolgte 1885/87, sie entsprach aber naturgemäß ganz dem Geschmack der damaligen Zeit. Im Jahre 1959 wurde deshalb mit der längst fälligen umfassenden Erneuerung begonnen, die sich bis 1963 hinzog. Hierbei wurde das gesamte Innere des Gotteshauses renoviert (Altäre, Kanzel, Langhaus), das Chordach wurde angehoben und der Chor erhielt neue Glasfenster. Außerdem bekam die Kirche auch einen neuen Außenverputz.

Das einschiffige Gotteshaus mit seinem wuchtigen, fünfgeschossigen Turm steht in einem mauergeschütz-

*Das stattliche, saalartige Lang-
haus mit seinen reich geschwungenen
Rokokoaltären von 1702 und 1711
und der erhöhte, mit gotischen Netz-
rippen überspannte Chor mit seinem
mächtigen Hochaltar strahlen eine
festlich-heitere Stimmung aus, die den
Besucher sofort in ihren Bann zieht.
Der Hochaltar von 1683, ein Werk
des einheimischen Bildhauers Franz
Hauser und des Schreiners Michael
Münzer, ist eine durch Säulen und
Gesimse klar vertikal und horizontal
gegliederte Welt.*

Das einschiffige Gotteshaus mit seinem wuchtigen, fünfgeschossigen Turm steht in einem mauergeschützten Kirchhof, dem sich nördlich der große Friedhof von Kirchzarten anschließt.

ten, mit Rasenflächen bedeckten Kirchhof, dem sich nördlich der große Friedhof von Kirchzarten anschließt. Neben dem erwähnten Turm, dessen Unterbau romanischen Ursprungs ist, zieht der mächtige, dreiseitig geschlossene Chor mit seinen gotischen Maßwerkfenstern und den sandsteinverblendeten Stützpfeilern den Blick auf sich. Das Innere strahlt eine festlich-heitere Stimmung aus, die durch die drei farbenfrohen Fresken an der flachen Korbbogendecke noch unterstrichen wird. Der prunkvolle Hochaltar von 1683 ist das Werk des einheimischen Bildhauers *Franz Hauser* und vermutlich des Schreiners *Michael Münzer.* Die beiden Seitenaltäre entstanden in der zweiten Hälfte des 18. Jahrhunderts und sind Werke *Anton Xaver Hausers,* die er unter dem Einfluß des aus St. Gallen zurückgekehrten genialen Bildhauers, Malers und Architekten *Johann Christian Wenzinger* in Freiburg geschaffen hat. Bemerkenswert ist auch die mit den Seitenaltären eine Einheit bildende Rokoko-Kanzel, die ebenfalls von Hauser stammt. Schließlich sei auch noch das wertvolle Chorgestühl mit Intarsia-Arbeiten und Distelrankenschnitzereien erwähnt, das im Jahre 1818 aus dem aufgehobenen Kloster Günterstal nach Kirchzarten überführt wurde.

Der romanische Turmunterbau und die vorwiegend gotischen Bauteile, vor allem aber der Chor, machen die Kirchzartener Pfarrkirche St. Gallus zu einem der bedeutendsten mittelalterlichen Gotteshäuser im Breisgau. Daran ändert auch die Tatsache nichts, daß von der ursprünglichen qualitätvollen gotischen Ausstattung kaum etwas erhalten geblieben ist.

23 Das Münster »Unserer Lieben Frau« zu Freiburg

Das Freiburger Münster, aus rotem Sandstein erbaut, ist die einzige der großen gotischen Kirchen Deutschlands, die im Mittelalter selbst vollendet wurde. Sie gehört vier verschiedenen Bau- bzw. Stilepochen an. Das Querhaus mit der Vierungskuppel, die Untergeschosse der seitlichen »Hahnentürme« und der westliche Teil des polygonalen Chores sind noch von dem Münster der Zähringer – die 1218 mit *Bertold V.* als letztem Zähringer ausstarben – erhalten (erste Epoche). Denn bereits im 12. Jahrhundert existierte in Freiburg ein Münster als älteste Pfarrkirche der Stadt. Es war eine dreischiffige Basilika mit einer Hauptapsis und zwei kleineren Seitenapsiden. Diese wurde um 1200 durch eine bedeutende romanische Kirche ersetzt, die *Bertold V.* erbauen ließ und die direkte Vorläuferin des heutigen Münsters war.

Das Langhaus gehört der Frühgotik an; die beiden östlichen Joche wurden in der ersten Hälfte des 13. Jahrhunderts in der Breite des Querschiffes ausgeführt, während die weiteren vier Joche in der zweiten Hälfte dieses Jahrhunderts unter dem Einfluß eines neuen Straßburger Baumeisters entstanden sind. Der 116 Meter hohe Turm – mit durchbrochener Helmpyramide – wurde im Unterbau zwischen 1260 und 1280 begonnen und vom Mittelbau bis zur Spitze 1350 vollendet. Die Hahnentürme sind etwa um 1340 aufgestockt worden. 1354 wurde der Grundstein zum hochgotischen Chor gelegt, der nach Plänen von *Johann Parler* von Gmünd, dem Angehörigen einer berühmten schwäbischen Baumeisterfamilie, aufgeführt wurde (zweite Epoche).

Für spätere Stiftungen der Bürger, des Adels, der Universität und des habsburgischen Kaiserhauses wurde der Chor mit einem Kranz von 13 Kapellen umgeben. Nach fast 100jähriger Unterbrechung ist der Chor 1471–1510 vollendet und 1513 durch den Konstanzer Weihbischof *Balthasar Brennwald* eingeweiht worden (dritte Epoche).

Der Ausbau des Kapellenkranzes dauerte noch Jahrzehnte. Der Vorbau am südlichen Querhaus entstand schließlich erst 1620 und ist ein Beispiel der Spätrenaissance (vierte Epoche).

Der Turm besteht aus dem waagrecht geteilten, sonst wenig gegliederten vierseitigen Unterbau und dem in lauter Vertikalen aufgelösten Oberbau, der das achteckige Glokkenhaus und den ganz aus Stein bestehenden durchbrochenen Helm umfaßt. Die Turmbesteigung erfolgt vom rechten Seitenschiff aus (beim Haupteingang rechts). Die Aussicht vom Umgang am Fuße des Helmpyramide ist sehr schön. Sehenswert

Portalmadonna in der Vorhalle

*Rechts: Blick aus dem Mittel-
schiff des dreischiffigen Freiburger
Münsters zum Chor, der ebenso lang,
aber höher ist als das Langhaus,
außerdem lichtdurchflutet, harmonischer gegliedert und von einem eleganten Netzgewölbe überspannt. Das
Gemälde am Triumphbogen zeigt die
Krönung Marias und die Diözesan-
und Stadtpatrone.*

Das reich mit Bildwerken ausgestaltete Hauptportal in der westlichen Vorhalle.

ist die Turmwächterstube mit Uhr, ferner der hölzerne Glockenstuhl mit den 13 Glocken, darunter die 100 Zentner schwere »Hosianna«, eine der ältesten Glocken Deutschlands. Unterhalb des Helmansatzes ragen sieben teilweise groteske Figuren waagrecht heraus, die vermutlich die Hauptsünden darstellen.

Beim Eingang zum Hauptportal sind alte Maßzeichen in den Stein eingraviert: für Zuber, Zester, Elle und Brote. Vor dem Hauptportal stehen drei barocke Säulen, die 1719 von den breisgauischen Ständen gestiftet worden sind. Die mittlere trägt eine gotische Madonna, die 1949 reno-

viert wurde, während die Figuren der seitlichen Säulen die Schutzheiligen der Stadt, St. Lambert und St. Alexander, darstellen. Das Hauptportal ist reich mit Bildwerken ausgestattet, die u. a. die heiligen Drei Könige, die Verkündigung und Maria mit dem Jesuskind darstellen. Im Spitzbogen über den Türen wird in einem Relief die Heilsgeschichte dargestellt, mit zum Teil naiv-humorvollen Gestalten. In der offenen Eingangshalle stehen an den Wänden 28 Standbilder, beispielsweise der Verführer und die Wollust, die klugen und die törichten Jungfrauen, Christus als Bräutigam und dergleichen mehr. Diese Ein-

gangshalle war ursprünglich als Gerichtsstätte gedacht und die Steinbänke waren für die Schöffen bestimmt. An der Außenfront des Münsters sind die Wasserspeier am Langhaus und Chor beachtenswert, koboldhafte Figuren als Sinnbilder für menschliche Gelüste und Schwächen. Über der nördlichen Chortüre ist die Schöpfungsgeschichte dargestellt, über der südlichen Außentüre Tod und Krönung Marias. Beide wurden zwischen 1370 und 1380 geschaffen.

Das Innere des Münsters ist dreischiffig, mit Quergang und Chorumgang, und erscheint als einheitlicher gotischer Raum. Das frühgotische Langhaus wurde durch *Meister Gerhart* aus Straßburg architektonisch teilweise nach dem Vorbild des Straßburger Münsters ausgestattet. Die spätgotische Kanzel – aus der Mitte des 16. Jahrhunderts – mit Renaissancemerkmalen stammt von *Jörg Kempf,* dessen Bildnis sich unter der Treppe befindet. Hoch oben an der Wand erhebt sich die neue große Orgel. Das rechte Seitenschiff enthält die architektonisch reich ausgestattete Heilig-Grab-Kapelle mit einer zierlichen gotischen Fassaden aus dem 14. Jahrhundert. Unter dem zweiten Fenster steht ein Standbild *Bertolds V.,* des letzten Zähringer Herzogs. Gegenüber befindet sich die 1806 erbaute Abendmahlskapelle mit einer plastischen Darstellung des

Zweifellos ist das Freiburger Münster eine der kunstgeschichtlich bedeutendsten Kirchen Deutschlands, da nach seinem Vorbild der eintürmige Dombau allgemein anerkannt und nachgebildet wurde. Aus rotem Sandstein erbaut, ist es die einzige der großen gotischen Kirchen in Deutschland, die im Mittelalter selbst vollendet wurde.

Abendmahls von *Franz Xaver Hauser*. Die im wesentlichen aus der ersten Hälfte des 14. Jahrhunderts stammenden Glasgemälde der Seitenschiffe sind von den Zünften gestiftet worden.

Das räumlich schön gegliederte spätromanische Querhaus ist der Rest der eingangs erwähnten Vorläuferin des heutigen Münsters, im Stil beeinflußt von lombardischen und nordburgundischen Vorbildern. Die Renaissancearkaden von 1580 sind Teile eines ehemaligen Lettners. Von den Altären sei insbesondere der spätgotische Innenaltar mit den Figuren des *Meisters H. L.*, der auch den Breisacher Hochaltar geschaffen hat, erwähnt. Der Altar steht neben dem südlichen Durchgang zum spätgotischen Chor. Die Länge des stundenweise zur Besichtigung geöffneten Chores mit Umgang und Kapellenkranz entspricht der Länge des Langhauses, er ist jedoch heller und harmonischer gegliedert und von einem eleganten Netzgewölbe überspannt. Der Hochaltar des Chores von 1830–1833 trägt als Altarbild das bedeutendste Werk *Hans Baldung Griens*, das dieser 1512–1516 gemalt hat. Die Sakristei enthält ein Erbärmdebild von *Lucas Cranach d. Ä.* aus dem Jahre 1524.

Der Kapellenkranz des Chorumganges enthält Altäre und Gemälde aus vielen Jahrhunderten. Die 13 Kapellen tragen Namen wie Universitätskapelle, Erste und Zweite Kaiserkapelle, Böcklingkapelle, die auf ihre Stifter hindeuten. Die Glasmalereien in den Kapellen sind überwiegend Kopien, die meisten Originale befinden sich im Augustinermuseum.

Kunstgeschichtlich ist das Freiburger Münster von besonderer Bedeutung, da nach seinem Vorbild der eintürmige Dombau allgemein anerkannt und nachgebildet wurde. Bis zum schweren Luftangriff im November 1944 mußte das Münster im Laufe seiner Geschichte viele Witterungs- und Kriegsschäden erleiden. Seit Kriegsende werden sie durch den Münsterbauverein behoben und bis zum heutigen Tag wird am Münster ständig weitergebaut, werden Maßnahmen zu seiner Erhaltung und Erneuerung durchgeführt.

24 Die ehemalige Benediktinerprioratskirche St. Ulrich

Umgeben von den Höhen der westlichen Schauinsland-Vorberge liegt in einem reizvollen grünen Tal unweit von Freiburg die ehemalige Benediktinerprioratskirche St. Ulrich. Die heutige Kirche und die Prioratsgebäude stammen von 1740/41 und wurden von dem berühmten Vorarlberger Baumeister Peter Thumb errichtet.

Vom Hexental zwischen Freiburg und Ehrenstetten zweigt bei Bollschweil ein kleines Tal ab, das sich südöstlich in Richtung Schauinsland erstreckt und vom Möhlinbach durchflossen wird. Trotz der Nähe Freiburgs und vieler berühmter Breisgauer Weinorte ist es ein einsames Schwarzwaldtal geblieben, das fast nur von Kennern des Südlichen Schwarzwaldes besucht wird. Diese Tatsache überrascht umso mehr, als sich in dem lieblichen 350-Seelen-Dörfchen St. Ulrich im Innern des Tales, reizvoll eingebettet in die Höhen der westlichen Schauinsland-Vorberge, eine stattliche ehemalige Klosteranlage befindet.

Gegründet wurde das Kloster 1087 durch den *Hl. Ulrich*, einen Cluniazenser, der zuvor mehrere andere Klöster als Prior geleitet hat. Unter großen Schwierigkeiten baute er das Kloster in dem unwegsamen Tal auf und weihte es den Aposteln Petrus und Paulus. Bereits sechs Jahre später starb er; sein Leichnam wurde in der Kirche des Klosters beigesetzt und er selbst auf Betreiben des Abtes *Hugo von Cluny* heilig gesprochen. Schon bald nach seinem Tode setzte die lebhafte Verehrung des Heiligen ein und Kloster und Ort nannten sich fortan St. Ulrich. Nach einem wechselvollen und von Not und Feuersbrünsten gekennzeichneten Schicksal in den folgenden Jahrhunderten zogen 1544 die letzten Cluniazensermönche aus St. Ulrich fort und das kleine Priorat wurde zuerst vom Kloster St. Georgen und später von St. Peter aus verwaltet. 1638 fielen Kirche und Kloster der Brandstiftung plündernder Franzosen zum Opfer, wurden aber durch den damaligen Vikar *Karl Hanselmann* bald wieder aufgebaut.

Die heutige Kirche und die Prioratsgebäude stammen aus den Jahren 1740/41 und wurden von dem berühmten Vorarlberger Baumeister *Peter Thumb* errichtet. Chor und Kirchturm sind 1763–65 umgebaut worden. Die Innenausstattung, an der bedeutende Künstler mitwirkten, die schon beim Bau der Kirche von St. Peter beteiligt waren, zog sich noch acht Jahre hin. 1749 wurde sie durch Weihbischof *Fugger* von Konstanz geweiht. Im weiteren Verlauf ihrer Geschichte ereignete sich in St. Ulrich nichts Nennenswertes, bis das Priorat im Zuge der Säkularisation 1806 aufgehoben wurde. Die Kirche wurde zur Pfarrkirche, das Klostergebäude zum Pfarrhaus und St. Ulrich versank in völlige Bedeutungslosigkeit. Erst nach dem Zweiten Weltkrieg macht St. Ulrich wieder von sich reden: 1946 entschloß sich der damalige Pfarrer, das Gebäude dem im Aufbau begriffenen Bund der Deutschen Katholischen Jugend zur Verfügung zu stellen. Seit

Der einfache, aber intim wirkende Innenraum St. Ulrichs, ein stützenloser Saalraum, wirkt vor allem durch seine harmonischen Proportionen und die hervorragende künstlerische Ausstattung. Besonders bemerkenswert ist neben den drei Altären die Kanzel, ein überaus zierliches Rokoko-Kunstwerk M. Fallers von 1771.

dieser Zeit beherbergt das ehemalige Priorat eine Bildungsstätte dieser Organisation und die Landvolkshochschule St. Ulrich. Die erste, sehr geglückte Innenrenovation der Kirche erfolgte 1946–49; 1969 und 1979 wurde das Äußere der Kirche renoviert. Einige in unserer Zeit entstandenen Zubauten – 1956 ein kleiner Flügel als neues Pfarrhaus und 1964 ein neues Lehrsaalgebäude im Garten – wurden im Stil dem vorhandenen Bestand angepaßt.

Der einfache, aber intime Innenraum des Gotteshauses, ein stützenloser Saalraum, wirkt vor allem durch seine harmonischen Proportionen und die mit künstlerischem Geschmack erfolgte Ausstattung. Über das rechteckige Langhaus mit eingezogenem Chor spannt sich eine Flachdecke auf sanfter Voute. Stukkaturen, Gemälde, Figuren, Altäre und Kanzel klingen in einem harmonischen Akkord zusammen. Besonders hervorzuheben sind der elegant geformte, fließende Dekorations-Stuck des aus Wessobrunn stammenden *Franz Anton Vogel* und die in zarten Farben gehaltenen Fresken von *Franz Ludwig Herrmann*, bekannt als der »fruchtbarste aller Konstanzer Kirchenmaler des Barock.« Das am meisten beachtete Werk der Klosteranlage ist die große, als Taufstein bezeichnete Brunnenschale, die einst im Kreuzgang des Priorats stand

und sich seit 1968 im Hof der Anlage befindet. Vermutlich handelt es sich um das untere Becken eines dreischaligen Brunnens aus dem 11. Jahrhundert.

Durch die Errichtung der Landvolkshochschule hat das ehemalige Priorat St. Ulrich einen Teil seiner einstigen Aufgabe – wenn auch in veränderter Form – zurückerhalten: Ausstrahlungsort für das religiöse und kirchliche Leben in diesem Teil des Schwarzwaldes zu sein.

25 Das St. Stephanus-Münster zu Breisach

Rechte Seite: Das St.-Stephanus-Münster, in beherrschender Lage auf dem höchsten Punkt der Stadt Breisach gelegen, bietet mit seinem vorspringenden Chor und den beiden Flankentürmen einen stolzen und malerischen Anblick.

Am Oberrhein, zwischen Schwarzwald und Vogesen, erhebt sich auf steilem Fels östlich des Flusses die Stadt Breisach, eine ehemalige Reichsfestung, des »Heiligen Römischen Reiches Deutscher Nation Schlüssel und Ruhekissen«. Hinter dem Schutz ihrer Mauern wuchs die einst berühmte und viel umstrittene mittelalterliche Grenzstadt, der der Breisgau seinen Namen verdankt, an den Hängen hinauf. Im Norden wird sie von der Zähringer Burg, im Zentrum vom Radbrunnen-Turm und im Süden von den Türmen des St.-Stephanus-Münsters überragt.

Wahrzeichen der Stadt ist das genannte Münster, das auf einem steil aus der Ebene und hart am Rheinufer emporragenden Basaltfelsen steht und dem das Stadtbild den so überaus malerischen Anblick verdankt. Da keinerlei Urkunden über den Bau existieren, muß man die bauliche Entwicklung des ehrwürdigen Gotteshauses in engem Zusammenhang mit bedeutenden geschichtlichen Ereignissen der Stadt sehen. Entstanden ist es unter *Herzog Berthold V. von Zähringen* gegen Ende des 12. Jahrhunderts anstelle der kleineren, urkundlich 1146 als Stiftskirche bezeugten Stephans-Kirche. Erbaut wurde das Münster als dreischiffige Basilika mit Querschiff, fast quadratischem Chor, Apsis mit zwei Nebenapsiden und zwei Osttürmen.

Um 1300 wurde mit der Erweiterung begonnen, die sich bis 1494 hinzog. In diese Bauperiode fällt das westliche Querhaus und der Umbau des Gotteshauses zur gotischen Hallenkirche. Die folgenden drei Jahrhunderte waren eine glückliche und ruhige Zeit, die der Stadt einen ungeheuren wirtschaftlichen Aufschwung brachte und dem Münster zu einer reichen Ausschmückung verhalf. Diese Idylle änderte sich schlagartig, als 1793 ein dreitägiges furchtbares Bombardement französischer Revolutionstruppen die ahnungslose und völlig unbewehrte Stadt in Schutt und Asche legte. Die Mauern des Münsters hielten zwar stand, ganz ohne Beschädigungen ging es jedoch nicht ab. Nicht so glimpflich kam das Gotteshaus gegen Ende des Zweiten Weltkrieges davon: 1945 wurde Breisach durch die Siegermächte wochenlang bombardiert und insbesondere die Unterstadt hierbei fast völlig zerstört. Das Münster trug bei diesen Bombenangriffen schwerste Schäden davon, die erst in den fünfziger Jahren wieder restlos beseitigt werden konnten: Der Südturm wurde bis auf geringfügige Reste zerstört, sämtliche Dächer waren abgetragen, die Dachstühle ausgebrannt und die Gewölbe und Teile der Mauern eingestürzt.

Heute befindet sich das Gotteshaus wieder im Zustand des 15./16.

Jahrhunderts: Eingezwängt zwischen dem steil aufragenden gotischen Chor und dem wie ein Querriegel vorgeschobenen spätgotischen Westbau steht das romanische Münster im Grund- und Aufriß von basilikaler, kreuzförmiger Anlage im gebundenen System. Verputzte, von rundbogigen Fenstern durchbrochene Mauern umschließen die klar aneinander gefügten Räume. Das erhöhte Mittelschiff, begleitet von den mit Pultdächern bedeckten Seitenschiffen, stößt an ein ausladendes Querhaus mit ungleichen Enden. Die Westfassade wird von flach gestuften, mit einer geschwungenen Platte abgedeckten Strebepfeilern in den Ecken gestützt und erscheint durch hochsteigende Streben dreischiffig gegliedert. Pultdächer decken die Seitenteile, ein Zeltdach den hochgeführten Mittelbau. Ein durchlaufendes Gesims bindet Pfeiler und Wandflächen im unteren Teil. Schlanke, gekehlte, zweiteilige Maßwerkfenster geben dem Innenraum Licht.

Das profilierte Hauptportal führt in eine dreischiffige Halle von überraschend kühner Höhenentwicklung. Ein Netzgewölbe, das noch in das westliche Joch des romanischen Langhauses hineinragt, überspannt die gleichhohen Schiffe. Dieses Langhaus, ebenfalls dreischiffig, schließt sich nach Osten an. Der steinerne Lettner, der in der mittelalter-

lichen Kirche den Priester-Chor vom Laienhaus trennte, ist ein kunstvolles Werk der Spätgotik (um 1495), das wahrscheinlich anstelle einer älteren Schranke errichtet wurde. Unter ihm hindurch führen Treppen in den weiten gotischen Chor. Der prachtvolle, aus Lindenholz geschnitzte, dreiflügelige Hochaltar, ein Werk des vermutlich aus Österreich stammenden *Meisters H. L.* (zwischen 1523–26) zählt zu den bedeutendsten Denkmälern deutscher Bildschnitzerkunst. Er stellte die Krönung Mariens, die Heilige Dreifaltigkeit sowie die Stadt- und Münsterpatrone dar und ist nach *Dehio* »die Spätgotik in voller Auflösung, aber nicht nach der Renaissance, sondern nach dem Barock hin«. Im gotischen Teil des Innenraumes, am West-, Süd- und Nordrand, finden sich Reste monumentaler Fresken vom Jüngsten Gericht und der Auferstehung von *Martin Schongauer* aus Colmar, der 1491 in Breisach starb. Der nicht zugängliche Kirchenschatz besteht unter anderem aus dem silbergetriebenen Reliquienschrein der hl. Stadtpatrone Gervasius und Protasius (1496). Er befindet sich in der Apsis des südlichen Querhauses.

Im Breisacher Münster fügen sich die aus mehreren Jahrhunderten stammenden Bauelemente harmonisch zusammen. Der Schlichtheit der Architektur steht die Schönheit

der Innenausstattung gegenüber. Die Endphase der Gotik entfaltete sich in *Schongauers* Fresken zur höchsten und reinsten Blüte. In den spielerischen Formen des Reliquienschreins und des Lettners spiegelt sich eine barock anmutende Pracht wider. In den leidenschaftlich bewegten, meisterhaft geschnitzten Figuren des Hochaltars schließlich kommt noch einmal die ganze Tiefe theologischen Denkens des gläubigen Mittelalters zum Ausdruck. »Der machtvolle Bau des Münsters steht auf dem Berg und beherrscht von hier aus die beglückende Weite der oberrheinischen Landschaft« *(Gombert)*.

26 Die Kirche »St. Peter und Paul« in St. Trudpert

Einer der Hauptanziehungspunkte des lieblichen Münstertales ist die in ihrer heutigen Form aus der ersten Hälfte des 18. Jahrhunderts stammende Kirche des ehemaligen Benediktinerklosters St. Trudpert. Im Jahre 1806 säkularisiert, dienen die ehemaligen Klostergebäude seit 1920 als Provinzmutterhaus der Josephsschwestern und ab 1970 als deren Generalmutterhaus. In einem der Gebäude befindet sich außerdem ein Altersheim.

Das Münstertal zieht sich von Staufen am Westrand des Südlichen Schwarzwaldes aus in zwei Armen windungsreich zum Belchen hin, der das Tal um rund tausend Meter überragt. Schon im 11. Jahrhundert ist hier Silberbergbau betrieben worden, der später sehr berühmt wurde und zur Gründung der heute völlig vom Erdboden verschwundenen Bergbaustadt Münster geführt hat. Das ganze Tal wird nun von der weit verstreuten und ausgedehnten Gemeinde Münstertal ausgefüllt, die nach der Zerstörung des Städtchens Münster im Jahre 1346 allmählich entstanden ist. Der Bergbaubetrieb ruht erst seit 1958, und noch heute kann im Ortsteil Multen ein ehemaliges Silberbergwerk, der aus dem 15. Jahrhundert stammende und zu einem Schaubergwerk ausgebaute »Teufelsgrund«, besichtigt werden. In einem Seitenstollen des alten Bergwerks richtete die Gemeinde Münstertal übrigens einen Asthma-Therapie-Stollen ein, der sich inzwischen bestens bewährt hat.

Einer der Hauptanziehungspunkte des Münstertales ist die Kirche des ehemaligen Benediktinerklosters St. Trudpert. Das Kloster ist vermutlich bereits im 8. Jahrhundert als erstes rechtsrheinisches Benediktinerkloster gegründet worden und existierte rund tausend Jahre. Allerdings hatte es Zeit seiner Geschichte unter Kriegswirren und Bränden schwer zu leiden. Dreimal brannte die Klosteranlage mitsamt der Kirche restlos nieder, wurde aber stets an der gleichen Stelle wieder aufgebaut. Besonders schwer wurde die Abtei durch die allmähliche Erschöpfung der Silberminen im 14. Jahrhundert betroffen. Und von da an riß auch die Kette der Katastrophen nicht mehr ab: 1518 wurde die Abtei während des Bauernkrieges nahezu restlos ausgeplündert, dann kam der Dreißigjährige Krieg, der ihren vollständigen Ruin brachte. Als besonderer Schreckenstag gilt in dieser Zeit der 28. Dezember 1632, an welchem das Kloster und ein großer Teil der Häuser des Tales von den Schweden zerstört wurden. Nach ihrem Wiederaufbau kehrte dann offenbar Ruhe in die Abtei ein; denn bis zu ihrer Säkularisation im Jahr 1806 verzeichnet ihre Geschichte keine nennenswerten Ereignisse mehr. Nach der Säkularisation wurde ein Teil der Klostergebäude abgerissen, der andere Teil stand lange leer bzw. wurde den verschiedensten Zwecken zugeführt. Im Jahre 1918 und nochmals 1929 wieder erweitert, dienen die Gebäude seit 1920 als Provinzmutterhaus der Josephsschwestern und ab 1970 als deren Generalmutterhaus. In der früheren klösterlichen Zehntscheune mit anstoßender Orangerie befindet sich heute ein Altersheim.

Die in ihrem Inneren außerordentlich prachtvolle Barockkirche
ist zum Teil ein Werk des Vorarlberger Baumeisters Peter Thumb und
stammt aus der Zeit zwischen 1710
und 1722. Bemerkenswert ist die
Barockkanzel aus der Mitte des
18. Jahrhunderts, die aus der im Jahre
1823 in ein Theater verwandelten
Augustinerkirche in Freiburg (dem
heutigen Augustinermuseum)
stammt.

Die heutige, außerordentlich prachtvolle Barockkirche ist zum Teil ein Werk des Vorarlberger Baumeisters *Peter Thumb* und stammt aus der Zeit zwischen 1710 und 1722. Als erstes wurde der gotische Chor der 1632 zerstörten Kirche, der bis dahin nur notdürftig mit Brettern abgedeckt war, neu eingewölbt. Das neue Langhaus wurde 1715–22 erbaut und fünf Jahre später geweiht. Ab 1738 schließlich erfolgte die Neugestaltung der Kirchenfassade und der Klostergebäude. Wie in vielen derartigen Kirchen zog sich die Innenausstattung noch sehr lange hin und war erst 1784 mit dem Einbau des Hochaltars von *Franz Joseph Friedrich Christian* abgeschlossen. Es ist ein kolossaler, prachtvoller Hochaltar aus Marmorstuck in frühklassizistischem Stil. Neben Christian waren bedeutende Künstler der damaligen Zeit an der Ausstattung des Gotteshauses beteiligt, von denen besonders der aus dem Tessin stammende Freskenmaler *Francesco Antonio Giorgioli* erwähnt sei.

Einiges ist aber auch, soweit es bei dem Brand nicht zerstört wurde, aus der Vorläuferkirche übernommen worden, so zum Beispiel das Altarblatt des Rosenkranzaltars vor dem Chorbogen auf der Evangelienseite. 1970–74 wurde die Kirche, die seit der Säkularisation Pfarrkirche des Münstertales ist, mit großem Kostenaufwand innen und außen renoviert. Diese Renovation wird als außerordentlich gelungen bezeichnet und hat die barocke Pracht des Gotteshauses nicht nur bewahrt, sondern manche Teile, beispielsweise der prachtvolle Hochaltar, erstrahlen erst jetzt wieder in ihrem vollen Glanz. Erwähnt sei zum Schluß noch die kleine St. Trudpert-Kapelle aus dem Jahre 1698, die etwas abseits von Kirche und Kloster auf der Stelle steht, wo der hl. Trudpert den Martertod erleiden mußte. Es ist ein kreuzförmiger Bau mit achteckiger Vierungskuppel und spitzem Zeltdach.

»Sowohl baugeschichtlich wie kunstgeschichtlich ist St. Trudpert ein Monument von besonderer Bedeutung. Der romanische Bau Hirsauer Schule hielt sich nur virtuell in dem dem Baumeister des Barock auferlegten Zwang, sein Langhaus zwischen ein ehemaliges Westwerk und einen spätgotischen Chor einzupassen. Die Leistung des Barock ist umso höher anzuschlagen, als nicht nur das Können des Baumeisters erprobt und gesteigert wurde, sondern auch die Ausstattung aus verschiedenen Epochen zusammenklingt. Die Mitwirkung von Künstlern aus verschiedenen Ländern ... erhöht die Bedeutung von St. Trudpert.« *(Dr. Th. Kurrus).*

27 Die Kirche in Blansingen

In den wasserreichen Hochwiesen zwischen Blansingen und Welmlingen im südlichen Markgräflerland steht einsam die kleine Blansinger Kirche mit ihrem überhöhten Chor und dem übergroßen Turm.

Rechte Seite: Erst durch die bei Instandsetzungsarbeiten im Jahre 1924 wiederentdeckten Bilderzyklen, zwei verschiedenen Meistern entstammend, erlangte die Kirche Berühmtheit.

Die Kirche von Blansingen gehört zu jenen seltenen Gotteshäusern, die entgegen aller Sprichwortweisheit »nicht im Dorf geblieben«, ja niemals drinnen gewesen sind. Das wie kaum eine andere Pfarrkirche in Süddeutschland von eindrucksvollen Bilderzyklen erfüllte Kirchlein steht einsam in den wasserreichen Hochwiesen zwischen Blansingen und Welmlingen, zwei zu Efringen-Kirchen gehörenden selbständigen Kirchdörfern im südlichen Markgräflerland.

Schon die Silhouette mit dem spätgotisch überhöhten Chor und dem übergroßen Turm läßt jahrhundertelange Bauzeiten vermuten. Im Innern verstärkt sich dann der Eindruck noch mehr, daß es sich um ein Gebäude handelt, welches in langen Zeitläufen ganz allmählich sein heutiges Aussehen erhielt. Wenn man (wie im Freiburger Münster) durch den Turm in die Kirche eintritt, wird man bemerken, daß in die Mauern des 1497/98 erbauten Turmes ein älterer Torbogen und dessen Wappenschmuck einbezogen wurden. Dort steht man zwischen Turm und Langhaus vor der ersten deutlich sichtbaren »Baunaht«. Die vier Spitzbogenfenster stammen von 1800 und haben fünf schmale spätgotische Lanzettfenster abgelöst, deren Reste neben den heutigen Fenstern zu entdecken sind. Die früheren Fenster ließen of-

fenbar nur sehr gedämpftes Licht in das Innere der Kirche dringen; denn die beiden Kirchspielgemeinden erbaten 1768 und 1788 vom fürstlichen Stift St. Blasien, dem die Kirche seit 1350 eingegliedert war, die Erbauung eines neuen Langhauses. Es »lasse sich wohl kein zum öffentlichen Gottesdienst gewidmetes Haus in höchst derselben Landen finden«, das »einer von Grund aus zu bewerkstelligenden Erneuerung dringender bedürfe«. Schon der erste Blick, den man in die Kirche werfe, sei »traurig und widerstrebend«, man sähe »nichts als Dunkelheit auf allen Seiten«. Es gibt aber noch mehr Anzeichen, beispielsweise die unregelmäßig dicken Mauern, die darauf hindeuten, daß die schmuckreiche Kirche wohl erst allmählich aus sehr bescheidenen Anfängen entstanden sein muß.

Wie eingangs schon erwähnt, enthält die Kirche zahlreiche Bilderzyklen, die 1924 bei Instandsetzungsarbeiten wiederentdeckt wurden. Nur der Tatsache, daß das fürstliche Stift St. Blasien und nach der Säkularisation die Großherzogliche Domänenkammer in Karlsruhe den Klagen der Orte Blansingen und Welmlingen kein Gehör geschenkt und sich den Erneuerungswünschen bezüglich des Langhauses der Kirche widersetzt haben, ist es zu verdanken, daß die unersetzlichen Bilderfolgen nicht verloren gegangen sind. Eine gründliche

Renovation der Kirche und Restauration der Bilderzyklen erfolgte aber erst Mitte der fünfziger Jahre, und so lange noch blieben die herrlichen Wandgemälde unter weißer Tünche verborgen, weil der Kirchengemeinde die mit der Restaurierung verbundenen Belastungen zu groß waren.

Alle Bilder im Innern der Kirche beziehen sich auf die vier Weltrichtungen und deren christliche Bedeutungen. Jede Wand erhielt durch sie ihren symbolischen Charakter. Im Westen, wo der Turm steht und mit seinem Geläute bei Sonnenuntergang nach altem Glauben die aufsteigenden Geister der Finsternis zu vertreiben hatte, ist auch der Platz für Michaels Kampf mit dem Drachen und die Darstellungen des Jüngsten Tages. Davon ist leider vieles durch die auf die Westwand aufpeitschenden Weststürme und die dadurch hervorgerufene Feuchtigkeit des Mauerwerks zugrunde gegangen. Aber das erhaltene Jüngste Gericht in der Nordwestecke und die Hölle im Rachen des großäugigen Ungeheuers sind ungemein beeindruckend. Die Nordwand hieß von jeher »Evangelienseite«. Diese Bezeichnung gründet sich auf den Brauch, das Evangelium an der linken (der Nordwand näheren) Altarseite zu verlesen. So erfuhr der Gläubige auf der Nachtseite der Kirche mit der Passion des Herrn zugleich den Weg durch

Nacht- und Todesdunkel. Die Bilder der Nordwand führen in zwei Reihen vom Einzug in Jerusalem bis zur Auferstehung und zum »Noli me tangere«. Leider haben die groben Fenstereinbrüche von 1800 dazwischen heftige Lücken entstehen lassen. Auch die Balken zweier ehemaliger Emporen stießen Löcher in die damals übertünchten Bilder. Durch die außerordentlich gekonnte Restaurierung ist jedoch trotzdem die Einheit der Bilderwand erhalten geblieben, beispielsweise durch eine äußerst vorsichtige, konturlose Schließung dieser Lücken durch wenige ausgesuchte Farben. Die Südwand wurde »Epistelseite« genannt, weil auf der rechten, also südlichen Altarseite unter anderem die Apostelbriefe verlesen wurden. Hier sind deshalb Darstellungen des Martyriums des Apostels Petrus zu finden, der jede Pein des Todes im Licht der christlichen Hoffnung überstand. Auch hier sind Bildfelder zerstört worden, beispielsweise durch die jahrhundertelange Feuchtigkeit der Südmauer.

Die Ostseite mit Apsis und Chor nimmt den Altar auf. Hier warten die in den Triumphbogen gemalten Klugen und Törichten Jungfrauen darauf, ob sie durch die Pforte schreiten und dem Herrn entgegengehen dürfen. Der Chor selbst war von oben bis unten von Bildfeldern zergliedert, unterhalb der Fenster fanden sich Spuren von Engelsflügeln. Eine Restaurierung der völlig verwitterten Wandflächen war jedoch nicht mehr möglich.

Wie in der berühmten Capella dell'Arena von Padua wurde auch der Raum der Kirche von Blansingen durch Malerei ganz und gar verwandelt. Das Kunstvollste davon sind zweifellos die Zwergarkaden, die ringsum die Wände des Kirchenschiffes zuoberst zugleich abschließen und durchbrechen. Da wird mit kleinen Durchblicken gespielt, der Innenraum wird durchsichtig und hintergründig. Mit blauen Hintermalungen wird der Himmel in den Kirchenraum einbezogen und durchaus architektonisch hereingelassen.

28 Die Kirche »St. Bonifatius« in Lörrach

Lörrach, an der Einmündung des Wiesentales in die Rheinebene gelegen, ist der Hauptort des südlichen Markgräflerlandes und eine lebhafte Grenzstadt mit vielseitiger Industrie. Vieles ist interessant an dieser modernen und doch wiederum ihrer Tradition verhafteten Stadt in der Dreiländerecke Deutschland – Schweiz – Frankreich: Die fast 900jährige Geschichte des Ortes (Lörrach ist erstmals 1083 urkundlich erwähnt worden); das schöne alte Schlößle im Ortsteil Stetten; die Fachwerkbauten im Ortsteil Tumringen; das Wasserschloß im nahegelegenen Inzlingen; das Bronzestandbild des berühmten Dichters alemannischer Mundart, *Johann Peter Hebel*, im Hebelpark vor der Hebelschule (Hebel war von 1783–91 Lehrer in Lörrach, alljährlich wird deshalb das Hebelfest gefeiert); die vier Kilometer entfernte prächtige Ruine von Schloß Rötteln, deren Anfänge noch heute völlig im Dunkeln liegen und die nach ihrem Umfang eine der größten Burgen Badens war, und noch manches mehr.

Aber auch die Kirchen von Lörrach sind interessant und beachtenswert. Keiner der vorhandenen Kirchenbauten ist zwar besonders alt, doch sind alle Kirchen sehr schön und jede ist auf irgend eine Weise bedeutend. Die zweitürmige St. Fridolins-Kirche in Lörrach-Stetten beispiels-weise stellt eines der seltenen Beispiele klassizistischer Kirchenbaukunst dar, während sich die evangelische Stadtkirche durch ihren ausgeprägten Weinbrenner-Stil auszeichnet. Die erst 1964 erbaute katholische Pfarrkirche St. Peter wiederum kann als besonders gelungener moderner Kirchenbau betrachtet werden. Ein sehr markantes Bauwerk ist die katholische Pfarrkirche St. Bonifatius von 1865/67, die – wie für die damalige Zeit und Bauschule üblich – aus Sichtbacksteinen errichtet wurde. Die Notwendigkeit für diesen Kirchenneubau ergab sich aus der Tatsache des permanenten Anwachsens der katholischen Bevölkerung im überwiegend evangelischen Lörrach, wohl als Folge der zunehmenden Industrialisierung und dem damit verbundenen Zuzug von Arbeitskräften. Die Stadtkirche, Nachfolgerin einer bereits im 11. Jahrhundert nachgewiesenen Kirche, war evangelisch, und als einziges katholisches Gotteshaus existierte die St. Fridolins-Kirche im damals noch eigenständigen Stetten.

Im Juli 1865 erfolgte die Grundsteinlegung für das neue Gotteshaus, und nach fast genau zweijähriger Bauzeit, im August 1867, wurde es eingeweiht. Entstanden war eine Säulenbasilika, die mit ihrer Holzbalkendecke, ihrer Flächigkeit, der zeichnerisch wirkenden Gliederung

Oben: Die großartige Kreuzigungsgruppe aus Keramik von M. Läuger (1902) befindet sich an der Außenmauer auf der Chorseite der Kirche.

Die kath. Stadtkirche St. Bonifatius wurde im Jahre 1867 nach zweijähriger Bauzeit eingeweiht. Äußerlich noch so wie zur Zeit ihrer Erbauung, gehört sie zu den stattlichsten und gediegensten Kirchenbauten des 19. Jahrhunderts im Hochrheingebiet.

Nach mehrmaliger Renovation wurde die Kirche 1971/72 dem heutigen Stilempfinden entsprechend umgestaltet und zeichnet sich u. a. durch eine einheitliche helle Farbgebung aus. Bemerkenswert der Altar aus Travertin mit dem bronzenen Auferstehungskreuz sowie die ebenfalls bronzenen Ambo und Tabernakel, alle vom Freiburger Bildhauer Bruno Knittel (†) geschaffen.

und durch die Verwendung einfacher Materialien eine starke Anlehnung an christliche Basiliken zeigt. Die Ausstattung war, wie bei vielen um die Mitte des 19. Jahrhunderts unter schwierigen finanziellen Umständen errichteten Kirchen, am Anfang recht ärmlich. Zwar sind in den achtziger Jahren manche Ausstattungsstücke in die Kirche gekommen, die das nach damaliger Auffassung Spartanische des Innenraumes etwas abschwächten. Eine wirkliche Bereicherung bekam der Bau aber erst durch die erste Restaurierung 1892/93, die man deshalb auch als endgültige Vollendung des Gotteshauses betrachten kann. Der Innenraum erhielt unter anderem eine sehr farbige Ausmalung, streng nach dem Vorbild alter Basiliken. Die weitere Vervollständigung der Ausstattung zog sich dann bis 1910/11 hin und erreichte

ihren Höhepunkt mit einem neuen Hochaltar in byzantinisierend-neuromanischer Form und einem feuervergoldeten Kronleuchter. Diese seit seiner Erbauung vollständigste und reichste Ausgestaltung war dem Gotteshaus jedoch nur wenige Jahrzehnte vergönnt. Zwei nach dem Zweiten Weltkrieg durchgeführte vereinfachende Restaurierungen räumten nämlich im wesentlichen wieder aus, was das späte 19. und das frühe 20. Jahrhundert in die Kirche eingebracht hatten. Eine erste vor 1955 erfolgte Renovation ersetzte zunächst die reiche, stilgemäße Farbigkeit durch eine weitgehend einheitliche helle Farbgebung, und die Kirche bekam ein neues Laiengestühl. Bei der zweiten Restaurierung 1971/72 wurden die noch vorhandenen Stücke der alten, reichen Ausstattung entfernt, zum Beispiel auch der Hochaltar und

die Kanzel, und durch neue ersetzt. Man verzichtete auch auf jegliche farbige Absetzung an den lisenen-gegliederten Schiffswänden. Im Zuge dieser letzten Renovation wurde im Unterteil des Turmes eine Marienkapelle mit einer Madonna aus der Zeit um 1700/1750 eingerichtet. Das Auferstehungskreuz, Ambo und Tabernakel schuf *Bruno Knittel.*

Die dem heutigen Stilempfinden entsprechende Umgestaltung des Kircheninnern wird von manchen gläubigen Katholiken, die St. Bonifatius noch aus der Zeit vor den Nachkriegs-Renovationen her kennen, mit Wehmut zur Kenntnis genommen. Ungeachtet dessen gehört diese Kirche, die sich äußerlich noch so zeigt wie zur Zeit ihrer Erbauung, zu den stattlichsten und gediegensten Kirchenbauten der Mitte des 19. Jahrhunderts im Hochrheingebiet.

29 Das St. Fridolins-Münster zu Säckingen

Von welcher Seite man sich dem Thermal- und Mineralbad Säckingen am Hochrhein auch nähert, ob von den Schweizer Jurahöhen her oder von der Höhe des hier im Norden steil ansteigenden Hotzenwaldes, stets wird der Blick von den beiden Kuppeltürmen des Fridolinsmünsters angezogen. Trotz Industrie und vieler Hochbauten, die hier am Hochrhein entstanden sind, ist das Münster das geblieben, was es seit eh und je war: Wahrzeichen der Säckinger Stromlandschaft, Ausdruck und Symbol der geistig-kulturellen Zentralstellung der uralten Klostergründung auf der einstigen Rheininsel.

Jedem, der nach Bad Säckingen kommt, fällt auf, daß das relativ kleine, mittelalterlich anmutende Städtchen mit dem St.-Fridolins-Münster eine Kirche besitzt, die sich durch ihre unverhältnismäßig großen Dimensionen nicht als bloße Pfarrkirche, was sie ja heute ist, sondern als Kirche eines einst ansehnlichen Stiftes ausweist. Nach der Überlieferung erschien im 6. Jahrhundert von Poitiers kommend der heilige Fridolin am Hochrhein und errichtete auf einer Insel im Rhein eine Kirche zu Ehren des heiligen Hilarius. Nach dem Tode Fridolins entstand an seinem Grabe ein Doppelkloster, d. h. ein Kloster für Nonnen und Mönche. Während jedoch das dem heiligen Petrus geweihte Männerkloster im 13. Jahrhundert aufgelöst wurde, entwickelte sich das Frauenkloster zu einer bedeutenden Abtei.

Das heutige Fridolinsmünster wurde zwischen 1343 und 1360 als gotische Basilika erbaut. Über die verschiedenen Vorgänger dieser Kirche, die allesamt durch Brände zerstört worden sind, ist so gut wie nichts bekannt, da bei einem Brand im Jahre 1272, dem neben der damaligen Kirche fast alle Klostergebäude zum Opfer fielen, auch das gesamte Archiv ein Raub der Flammen wurde. Aber auch der gotischen Basilika waren nur etwas mehr als 300 Jahre vergönnt. Im Jahre 1678 wurde sie von französischen Truppen zusammen mit dem größten Teil Säckingens angezündet und brannte bis auf die Außenmauern nieder. Von 1681–1698 ist sie im Barockstil erneuert worden, allerdings zunächst nur provisorisch; denn der durchgreifende Umbau des Gotteshauses zog sich dann noch fast drei Jahrzehnte hin. Bei dieser Umformung wurde u. a. die Flachdecke des Langhauses eingewölbt und der schwäbische Baumeister *Michael Widemann* fügte als neue Bauglieder auf beiden Seiten die Kuppelräume der Seitenkapellen hinzu. An der künstlerischen Ausstattung arbeiteten zahlreiche Stukkateure aus Wessobrunn und der Tessiner Maler *Francesco Antonio Giorgioli*. Zum Schluß, etwa um

Linke Seite: Im Inneren der Kirche überrascht die Harmonie des Gesamtraumes, in welchem die strengen Linien der gotischen Architektur durch den barocken Dekor weitgehend abgefangen, mit der Rhythmik des Rokoko verbunden und zu einem lichten Raumbild gewandelt sind. Beeindruckend auch die Höhe des Raumes, in dem die Steigerung der Lichtfülle von unten nach oben und vom Langschiff zum Chor reizvolle Effekte erzeugt.

Der trotz der Verbindung von gotischen und barocken Stilelementen als einheitliches Ganzes wirkende Baukörper beherrscht die Silhouette der Altstadt und zeugt schon durch seine Größe im Verhältnis zur kleinen Stadt davon, daß es sich ursprünglich um keine Pfarrkirche, sondern um das Gotteshaus eines einstmals angesehenen Stiftes handelte.

1740, wurde durch den Deutschordensbaumeister *Caspar Bagnato* das Äußere des Münsters restauriert und damit war, nach einer Bauzeit von insgesamt rund 60 Jahren, der gesamte Um- und Neubau abgeschlossen.

Schon 10 Jahre später, im Dezember 1751, wurde die Kirche erneut von einem Brandunglück heimgesucht. Der Chor und die beiden Oktogene blieben zwar unbeschädigt, dafür wurden aber die Stukkaturen und Fresken des Langhauses durch herabstürzende Turm- und Dachstuhlteile weitgehend zerstört. Mit dem Wiederaufbau ist schon wenige Monate nach dem Brand begonnen worden, wobei sich die Arbeiten am äußeren Baukörper auf die Wiederherstellung des früheren Zustandes beschränkten. Im Innern dagegen behielten nur die Kuppelräume der beiden Seitenkapellen Stuck und Freskenschmuck der ersten barocken Bauperiode, während die übrige Innenausstattung im Rokokostil erneuert wurde. Als bedeutendste Künstler wurden für diese Arbeiten der Augsburger Stukkateur *Johann Michael Feichtmayr* und der Konstanzer Kirchenmaler *Franz Joseph Spiegler* beigezogen.

Zu Beginn des 19. Jahrhunderts fiel das Stift der Säkularisation zum Opfer und als der badische Staat 1806 das Erbe übernahm, wurde das Münster Pfarrkirche der Stadt Säckingen.

In der Folgezeit ist das Fridolinsmünster viermal renoviert worden, zuletzt 1968–1975. Diese letzte gründliche Restauration im Innern und Äußeren, die mit einer technischen Sicherung des Baues verbunden war, zielte vor allem auf Wiederherstellung des ursprünglichen Charakters des spätgotischen Bauwerkes hin, so daß dem Münster die heute allgemein praktizierte Vereinfachung des Innenraumes glücklicherweise erspart blieb.

Die trotz der Verbindung von gotischen und barocken Stilelementen als einheitliches Ganzes wirkende Kirche beherrscht die Silhouette der Bad Säckinger Altstadt. Der gotische Kern der Architektur tritt zwar deutlich in dem hochstrebenden, in ein steiles, einheitlich durchgezogenes Dach auslaufenden Bau in Erscheinung. Jedoch erfolgte die barocke Umwandlung des gotischen Baues außerordentlich zurückhaltend, mit geradezu genialer Einfühlung in die Gotik und unter Vermeidung krasser Kontraste. Beim Eintritt in die Kirche überrascht die Harmonie des Gesamtraumes, in welchem die strengen Linien der gotischen Architektur durch den barocken Dekor weitgehend abgefangen, mit der Rhythmik des Rokoko verbunden und zu einem lichten Raumbild gewandelt sind. Besonders beeindruckend ist die Höhe des Raumes, in dem die Steige-

rung der Lichtfülle von unten nach oben und vom Langschiff zum Chor, sowie die Raumgliederung, die Durchblicke durch die Arkaden zu den Seitenschiffen ermöglicht, reizvolle Effekte erzeugen. Die dominierende Blickrichtung lenkt dagegen zum Hochaltar als dem monumentalen Abschluß der Innenarchitektur und dem kultischen Ziel hin.

»Das Münster, das aus allen Bauepochen mehr oder weniger sichtbare Stilelemente enthält und schließlich barocke Vitalität in die Strenge der gotischen Architektur harmonisch eingefügt hat, dokumentiert schon in seiner Baugeschichte bei aller Aufgeschlossenheit gegenüber neuen Formelementen den Willen zur Kontinuität, den Abschluß und die Übernahme von bereits Bestehendem, um es verbindend in eine neue Formenwelt überzuleiten...«. *(Fridolin Jehle).*

30 Die Wallfahrtskirche »Maria Himmelfahrt« in Todtmoos

Im Hochtal der Wehra, umgeben von den bewaldeten Höhen des Südlichen Hochschwarzwaldes, liegt die aus 13 Ortsteilen bestehende Gemeinde Todtmoos. »Heilklimatischer Kurort und Wintersportplatz«, so steht es in Prospekten und Reiseführern. Todtmoos ist aber darüber hinaus auch ein berühmter Wallfahrtsort mit einer über 700jährigen Geschichte.

Die Anfänge der Wallfahrt reichen bis ins Jahr 1255 zurück, als nach der Überlieferung der Pfarrverweser *Dietrich von Rickenbach* auf Weisung der Muttergottes, die ihm im Traum erschienen war, eine hölzerne Kapelle errichtete. Als Todtmoos 13 Jahre später zur Pfarrei erhoben wurde, entstand anstelle der kleinen Kapelle eine Pfarrkirche aus Stein, die in den Besitz der Grafen Rudolf von Habsburg überging. 1319 fiel die Pfarrei durch Schenkung dem Benediktinerkloster St. Blasien zu und von nun an machte die Kirche als Gnadenstätte der Gottesmutter von sich reden. Ablaßbriefe aus jener Zeit erwähnen viele Wunder, die sich damals zugetragen haben sollen, und »eine gewaltige Zahl von Wallfahrern«. Besonders bekannt wurden die großen Pestwallfahrten der Städte Freiburg (1427) und Basel (1439). Auch später waren es vor allem die Pest und die große Not des Dreißigjährigen Krieges, die zur Belebung der Wallfahrt beitrugen. Ganze Gemeinden pilgerten seinerzeit nach Todtmoos, die Zahl solcher Pilgerzüge aus dem Elsaß, dem Oberrheingebiet und sogar aus der Schweiz betrug oftmals mehr als dreißig pro Jahr.

Die Kirche war in der Zwischenzeit baufällig geworden, so daß sich *Abt Martin I.* des Klosters St. Blasien entschloß, eine neue zu errichten. Die Grundsteinlegung erfolgte nach dem Abbruch der alten Kirche im Jahr 1625. Die Bauausführung ging jedoch sehr langsam voran, besonders die Wirren des Dreißigjährigen Krieges verursachten immer wieder neue Verzögerungen. Der Neubau selbst war zwar im großen und ganzen schon 1627 abgeschlossen, die Fertigstellung der Innenausstattung zog sich jedoch bis 1631 hin.

Bis ins 18. Jahrhundert hinein hielt die Beliebtheit der Wallfahrt unverändert an, was dazu führte, daß Todtmoos 1737 zum Superiorat erhoben wurde. Doch dann, in der zweiten Hälfte des 18. Jahrhunderts, begann das Zeitalter der Aufklärung und diese brachte schwere Rückschläge. Besonders die Reformen *Kaiser Josephs II.* (1767–90) verursachten einen regelrechten Niedergang der Wallfahrt und die seit 1471 bestehende Maria-Himmelfahrts-Bruderschaft, die sich stets intensiv um die Erhaltung von Kirche und Pfarrhaus gekümmert hatte, löste sich auf. Als schließlich 1806–07 auch noch das Kloster St. Blasien aufgelöst wurde, verlor die Todtmooser Pfarrei ihre Hauptstütze und die Gebäude verwahrlosten mehr und mehr. Denn der Staat, der mit dem beträchtlichen Kirchenvermögen auch die Verpflichtung zur Bauunterhaltung übernommen hatte, kam dieser nicht oder nur sehr mangelhaft nach. Doch schließlich erholte sich die Wallfahrt wieder und als gegen Ende des 19. Jahrhunderts Todtmoos einen raschen Aufstieg als Kurort erlebte, besserten sich die Verhältnisse wieder sehr rasch. Im Jahr 1901, nach fast 130 Jahren (so lange ist an und in der Kirche praktisch nichts gemacht worden), wurde die Kirche dann endlich gründlich restauriert, wobei man bestrebt war, die alten Formen und Farben weitgehend wiederherzustellen. Eine grundlegende bauliche Veränderung des Gotteshauses erfolgte 26 Jahre später: 1927 wurden zwei Seitenschiffe angefügt und das Hauptschiff nach Westen zu verlängert. Das sich hierbei ergebende Problem war, den bestehenden Raum und seine Dekoration nicht zu beeinträchtigen oder gar zu zerstören. Diese Aufgabe wurde nicht nur äußerst glücklich gelöst, sondern die Wirkung des Innenraumes konnte durch die Schaffung eines lichten dreischiffigen Hallenraumes sogar noch gesteigert werden.

Mit seinem strahlenden Glanz Chor und Kirche erfüllend, thront auf dem Hochaltar das Gnadenbild der Gottesmutter, eine aus dem bäuerlichen Kunsthandwerk eines unbekannten Meisters hervorgegangene Pieta von ergreifender Ausdruckskraft. Es stammt vermutlich aus dem 14. Jahrhundert und befand sich bereits in der Vorläuferkirche.

Rechte Seite: Die Ursprünge der Todtmooser Wallfahrt reichen bis ins Jahr 1255 zurück. Die heutige Kirche ist zwischen 1625 und 1631 entstanden, wurde jedoch 1927 durch Anfügung von zwei Seitenschiffen und Verlängerung des Hauptschiffes nach Westen zu vergrößert.

Die Innenausstattung ist eine Synthese aus der innigen Marienverehrung, der rund 700jährigen Geschichte der Wallfahrt und der Pracht barocker Formen und Farben. Das Gnadenbild des Hochaltars, eine Pieta, die sicherlich schon die Urkirche geziert hat, erlitt durch einen Brand, dessen Zeit und Ursache nicht bekannt sind, schwere Schäden. Dennoch erfüllt besonders diese Figur mit ihrem strahlenden Glanz Chor und Kirche. Altarbilder, Wand- und Deckengemälde des Chores und des Langhauses zeigen Szenen aus dem Leben der Gottesmutter: Das aus dem Jahr 1759 stammende Altarbild stellt Marias Himmelfahrt dar, die Wandgemälde auf Tuch Marias Opferung und Jesu im Tempel und das Deckengemälde des Chores *Fürstabt Martin Gerbert*, seinen Konvent und anderes Gefolge bei der Betrachtung der Himmelfahrt Marias. Von den vielen weiteren Kostbarkeiten seien noch die Tafelgemälde (Holz) an der Kirchenrückwand unter der Empore erwähnt, die St. Blasius und St. Martin darstellen. Vermutlich stammen sie von einem Altar der Kirche aus der Zeit zwischen 1620 und 1631.

31 Der Dom des Hl. Blasius zu St. Blasien

Rechte Seite: Der Dom des Hl. Blasius wurde an Stelle eines durch Brand zerstörten romanischen Münsters 1768–83 von dem französischen Architekten d'Ixnard in frühklassizistischem Stil erbaut. Er ist eines der besten und monumentalsten Werke dieses Stils und gilt als eine der größten Kuppelkirchen Europas.

Im oberen Albtal, etwa dreieinhalb Kilometer südöstlich der Albquelle, liegt eingebettet in die bewaldeten Höhen des Südlichen Hochschwarzwaldes, St. Blasien mit dem Doppelprädikat heilklimatischer und Kneippkurort. Berühmt wurde St. Blasien durch seine ehemalige Klosterkirche, deren Kuppel außen bis zu 64 Meter aufragt und die damit als die drittgrößte Kuppelkirche Europas gilt.

Die Anfänge des Klosters reichen bis ins 9. Jahrhundert zurück. Damals schlossen sich Einsiedler zu einem losen Zellenverband zusammen, aus dem sich ein Jahrhundert später eine Klostergemeinschaft bildete, die zunächst dem Kloster Rheinau bei Schaffhausen unterstellt war. Als eigentliches Gründungsjahr ist jedoch 948 anzusehen. In diesem Jahr trat der edle *Ritter von Seldenbüren* im Zürichgau, ein Freund des damaligen *Kaisers Otto I.*, in das Kloster ein und schuf durch seine großzügigen Schenkungen die Voraussetzung zu einer selbständigen Abtei. Zu einer ersten großen Blüte gelangte das Kloster, dessen Gebäude damals noch ganz aus Holz waren, bereits in den folgenden beiden Jahrhunderten. Die Gelehrtenschule des Klosters gehörte zu den seinerzeit berühmtesten Klosterschulen und die Abtei war mit sechzig anderen Klöstern und Kirchen verbrüdert.

Das Innere des Gotteshauses vermittelt dem Besucher einen gewaltigen Eindruck trotz der deutlich erkennbaren und aus der Zeit der Aufklärung hervorgegangenen Einfachheit. Zwanzig weiße Säulen mit korinthischen Kapitellen tragen die im Innern 35 Meter hohe Kuppel. Der von einem Tonnengewölbe überspannte Mönchs-Chor ist mit dem »musikalischen Chor« mit der Orgelempore verbunden.

In der Geschichte des Klosters und damit der Kirche lassen sich fünf große Bauperioden unterscheiden. Die erste Kirche, das sogenannte »Alte Münster«, eine dreischiffige Basilika, wurde ab 1013 erbaut und zwischen 1036 und 1050 geweiht. Die Kirche existierte fast 700 Jahre und wurde erst zwischen 1728 und 1736 abgebrochen. Knapp 100 Jahre nach der Errichtung des »Alten Münsters« wurde an anderer Stelle mit dem Bau des »Neuen Münsters« begonnen, einer mächtigen, gotischen Säulenbasilika mit Querschiff. Dieser Kirchenbau, der der cluniazensischen Reform entwachsen war, ist zwar 1322 und 1526 jeweils fast restlos durch Feuersbrünste zerstört worden, der Wiederaufbau erfolgte jedoch im großen und ganzen stets in der alten Form. Die dritte Bauperiode im 17. und 18. Jahrhundert stand unter dem Einfluß des Barock, brachte also eine durchgreifende Renovierung sowohl des Alten als auch des Neuen Münsters und gipfelte in der Errichtung einer völlig neuen Klosteranlage (1728–42) durch den Vorarlberger Baumeister *Johann Michael Beer*. Aber bereits 26 Jahre nach Fertigstellung, im Jahre 1768, wurden das Kloster und das Neue Münster durch einen Großbrand restlos vernichtet. Unter dem genialen und tatkräftigen *Fürstabt Martin II. Gerbert*, der das Kloster zu internationaler Geltung führte, erhob sich die Abtei mit dem Konventsgebäude aber schon bis 1771 wieder aus der Asche. An die Stelle des Neuen Münsters trat, in die Mitte der symmetrischen Klosteranlage verlegt, der heutige Kuppelbau. Sein Schöpfer war der große französische Baumeister *Pierre Michel d'Ixnard,* der auch den Neubauten des Klosters sein unverwechselbares Gepräge gab. Vorbild des in 15jähriger Bauzeit von 1768–1783 entstandenen klassizistischen Zentralbaues waren das Pantheon in Rom und der Invalidendom sowie die Abteikirche von Val de Grâce in Paris.

Auf Grund des »Reichsdeputationshauptschlusses« von 1803 kam es auch in St. Blasien zur Säkularisation, die das Ende des Klosters brachte. Im Oktober 1806 wurde es aufgehoben und ging in den Besitz des badischen Staates über. In der Folgezeit haben sich in den ehemaligen Klostergebäuden nacheinander drei Fabriken niedergelassen, während der Dom, größtenteils seiner Kunstschätze beraubt, nur mit knapper Not vor dem Abbruch bewahrt werden konnte. Im Februar 1874 brannte schließlich die Kirche mit dem Ostteil und der Hälfte des Südtraktes nieder und der Dom blieb, abgesehen von einem neuen Kuppeldach, 36 Jahre lang kahl und ausgebrannt stehen.

Das 20. Jahrhundert brachte nicht nur einen Wiederaufbau der Kirche, der sich weitgehend an das klassizistische Urbild hielt (die fünfte Bauperiode), sondern auch ein Wiederaufleben der Klostertradition St. Blasiens. 1911–1913 wurde der Dom wiederaufgebaut und 1913 eingeweiht. 1933 erwarben die Jesuiten die Klostergebäude und richteten ein humanistisches Gymnasium mit Internat ein. Nach der Aufhebung des Kollegs durch die Nationalsozialisten und Verwendung der Gebäude als Lazarett während des Zweiten Weltkrieges konnte es 1946 neu eröffnet werden. Der Dom, jetzt katholische Pfarrkirche St. Blasiens, wurde 1969/70 renoviert, 1970–73 wurde der Ostflügel der ehemaligen Klostergebäude wiederaufgebaut. Im Mai 1977 ist das Kloster, in dessen Geschichte immer wieder von Brandkatastrophen die Rede ist, erneut von einer solchen heimgesucht worden. Ihr fielen u. a. große Teile des Südwest- und Südflügels zum Opfer, während der Dom glücklicherweise nicht in Mitleidenschaft gezogen wurde.

Trotz der deutlich erkennbaren und aus der Zeit der Aufklärung hervorgegangenen Einfachheit vermittelt das Innere des Domes dem Besucher einen Eindruck von majestätischer Größe. 20 weiße Säulen mit korinthischen Kapitellen tragen die im Innern 35 Meter hohe Kuppel. Das Deckengemälde, die Aufnahme Mariens in den Himmel darstellend, hat *Walter Georgi* 1911/12 geschaffen. Es ersetzt ein leuchtendes Barockgemälde von *Christian Wenzinger* aus den Jahren 1779/80, das 1874 bei dem Brand vernichtet wurde. Der ehemalige Mönchschor mit ionischen Säulen ist von einem Tonnengewölbe überspannt. Er wird durch ein Gitter von der Rotunde getrennt, davor steht, in diese einbezogen, als Hauptaltar ein behauener Marmorblock. Die Stirnwand des Mönchschores bildet der »musikalische Chor« mit der Orgelempore.

»Niemand kann die Kirche verlassen, ohne etwas von dem Geist lebendigen Glaubens, tiefer Ehrfurcht und heller Gottfreudigkeit verspürt zu haben, den das monumentale Werk bezeugt.« *(P. Schleich SJ †).*

32 Die Kirche »Johannes der Täufer« in Todtnau

Inmitten der einzigartigen Landschaft des Wiesentales liegt das ehemalige Bergwerksstädtchen Todtnau mit seiner nach dem großen Brand des Jahres 1876 erbauten Kirche. Ihr auf einem griechischen Kreuz mit vier gleichlangen Armen basierender Grundriß verleiht der zweitürmigen, auf einer das Ortsbild beherrschenden Anhöhe stehenden Kirche ein charakteristisches und unverwechselbares Aussehen, so daß sie inzwischen fast zu einem Wahrzeichen Todtnaus wurde.

Vom Feldberg bis zum Rheinknie bei Basel erstreckt sich das Tal der Großen Wiese. Der alemannische Dichter *Johann Peter Hebel* bezeichnet das Flüßchen Wiese als »des Feldbergs liebliche Tochter«. In der Tat ist das Tal der Wiese, deren drei Quellbäche am Feldberg unterhalb des Zeigersattels entspringen, eines der schönsten und vielseitigsten Schwarzwaldtäler überhaupt: im oberen Teil ist es eng und schluchtartig, während es weiter unten breit und lieblich wird.

Mitten im gebirgigen, romantischen Teil des Wiesentales liegt einer seiner Hauptorte, das ehemalige Bergwerksstädtchen Todtnau. Wie in manchen anderen Orten des Südlichen Schwarzwaldes wurde auch hier im 13./14. Jahrhundert Silberbergbau betrieben. Von großer Bedeutung ist Todtnau für den deutschen und europäischen Skisport: im Jahr 1891 ist hier der erste deutsche und mitteleuropäische Skiclub gegründet worden. Trotz der jahrhundertelangen Vergangenheit des Ortes stammt das heutige Todtnau jedoch größtenteils aus der Zeit zwischen 1877 und 1890. Ein verheerender Brand am 19. Juli 1876 vernichtete nämlich einen Großteil des Städtchens und neben 149 Wohn- und sonstigen Häusern wurde auch die damalige Kirche ein Raub der Flammen. Sie stammte aus dem Jahre 1341, wurde 1692 nach

einem Brand wieder aufgebaut, erhielt 1775, wiederum nach einem Brand, einen neuen barocken Turm und wurde schließlich 1859, also nur 15 Jahre vor ihrer endgültigen Vernichtung, erweitert.

Die heutige Kirche wurde 1879–81, zunächst noch ohne Türme, in überragender Lage über der Stadtsiedlung erbaut, also nicht mehr auf dem Platz der abgebrannten Vorgängerin, die neben dem Marktplatz stand. Nachdem in den folgenden Jahren dann auch noch die beiden Türme errichtet worden waren, erfolgte im Jahre 1888 die Einweihung des neuen Gotteshauses. Der Grundriß der Kirche ist ein griechisches Kreuz mit vier gleichlangen Armen, eine uralte Ornamentform, die bereits in der jüngeren Steinzeit Verwendung fand und seit dem Tode Jesus zu einem der verbreitetsten Symbole des Heilswahrzeichens wurde. Über den Innenraum spannt sich eine Holzdecke, die der Mitte zu abgeschrägt und kuppelähnlich erhöht ist. Die ursprüngliche Ornamentmalerei an den Innenwänden wurde bei der Renovation der Kirche in den Jahren 1960–64 entfernt und durch eine fein abgestufte Grautönung ersetzt. Die Apsis ziert nun ein monumentales Mosaik »Christus Pantokrator«, das die Blicke der im achteckigen Hauptraum versammelten Gläubigen mit fast magischer Kraft auf sich zieht.

Das monumentale Mosaik »Christus, der Pantokrator« in der Apsis hinter dem aus schwarzen geädertem Marmor gearbeiteten Altartisch zieht die Blicke des Besuchers mit fast magischer Kraft auf sich. Diese zeitgemäße, überzeugende Darstellung der Deesis zählt zu den Hauptwerken Hans Baumhauers.

Davor steht der Altar, eine große Opfertischplatte auf einem dreifachen abgerundeten Podest aus schwarzem geädertem Werdenfelser Marmor. Sehr schön sind auch die bunten Glasfenster, die Szenen aus dem Alten und Neuen Testament zeigen. Sie wurden 1961 eingesetzt, verdanken also ihre Entstehung der letzten Renovierung. Ausgesprochen harmonisch fügt sich auch die 1964 aufgestellte Orgel in den Kirchenraum ein.

Die Todtnauer Pfarrkirche erhielt also im wesentlichen erst bei der letzten Renovation ihr heutiges Aussehen, ja man kann sagen, daß der Bau der Kirche, der mit der Grundsteinlegung am 30. Juni 1879 begonnen hatte, erst 1964 seinen endgültigen Abschluß fand. Zwar ist das Gotteshaus schon einmal im Jahre 1930 einer Renovierung unterzogen worden, die sich jedoch fast nur auf eine Austönung des Innenraumes beschränkt hatte. Wie »farblos«, ja geradezu unbedeutend sich die Kirche dem Betrachter vor der letzten Renovierung dargeboten hat, zeigt die Tatsache, daß man sie in namhaften Kunstführern vergeblich sucht und auch der über sie existierende Kirchenführer über ihr Aussehen vor 1960 kaum etwas aussagt.

33 Die Kirche »Verklärung Christi« auf dem Feldberg

Die Kirche »Verklärung Christi« auf dem Feldberg überrascht durch die kühne und strenge Wucht des Baues. In seinem Erscheinungsbild paßt sich das 1965 fertiggestellte Gotteshaus der herben Feldberglandschaft einerseits und der traditionellen Schwarzwaldbauweise andererseits vorbildlich an.

Mit 1493 Metern ist der Feldberg nicht nur der höchste Gipfel des Schwarzwaldes, sondern auch die höchste Erhebung aller Mittelgebirge in der Bundesrepublik. Das Massiv – ein mehrere Kilometer langer Gneisstock – erstreckt sich von Nordwesten nach Südosten und wird von den fünf Tälern Wiesental, Albtal, Seebachtal, Zastlertal und St.-Wilhelmer-Tal eingeschnitten. Südlich des baumlosen, zwei Kilometer langen Gipfelrückens, aus dem sich die drei sanften Kuppen des Höchsten, des Baldenwegerbucks und des Seebucks erheben, senkt sich das Massiv zum Zeigersattel hinab. Jenseits dieses 1231 Meter hohen Sattels, der allgemein als Feldbergpaß bezeichnet wird, schwingt sich das Gebirge noch einmal um fast 200 Meter auf und hier erhebt sich das formschöne Herzogenhorn, mit 1416 Metern zweithöchster Schwarzwaldberg. Wiese und Alb entspringen beide im Zeigersattel, das lange Wiesental zieht südwestlich, das Albtal südöstlich dem Oberrhein zu. Über den Sattel hinweg führt die B 317 von Neustadt nach Lörrach und an ihr liegt das Zentrum der 1939 gegründeten Gemeinde Feldberg, des höchstgelegenen Luftkurortes des Schwarzwaldes.

Bis vor hundert Jahren war der Feldberg nahezu unbewohnt. Der aufkommende Wintersport um die Jahrhundertwende und der dadurch bedingte Bau des Hotels Feldbergerhof und anderer Gaststätten und Unterkunftshäuser machten das Feldberggebiet aber bald zu einem zu allen Jahreszeiten gern besuchten Ziel vieler Skifahrer, Wanderer und Erholungssuchender. 1925 errichtete der Caritasverband das als »Caritashaus« weithin bekannt gewordene Kinder- und Jugenderholungsheim. Die Hauskapelle des Heimes diente zusammen mit der kleinen Waldkapelle des Feldbergerhofes den gottesdienstlichen Bedürfnissen des gesamten Feldberggebietes. Dem nach dem Zweiten Weltkrieg immer stärker werdenden Fremdenverkehr und der durch die Errichtung der großen Jugendherberge Hebelhof mit 350 Betten zunehmenden Zahl jugendlicher Besucher waren die beiden Kapellen nun bei weitem nicht mehr gewachsen. Der Ruf nach einer größeren und zentral gelegenen Kirche wurde deshalb immer lauter.

Im Juni 1962 wurde nach langen Vorbereitungen, zu denen auch die Prüfung der verschiedenartigsten Entwürfe für den geplanten Kirchenneubau gehörte, mit dem Bau der höchstgelegenen Pfarrkirche der Bundesrepublik Deutschland begonnen. Den in diesem Gelände außerordentlich schwierigen Erd- und Felsaushub übernahmen Soldaten des 76. amerikanischen Pionierbataillons aus Karlsruhe. Aber auch viele Studenten, Schüler und Handwerker halfen in ihrem Urlaub mit, so daß das Fundament und ein großer Teil des Rohbaus mit Anbruch des Winters fertiggestellt waren. Anfang August des darauffolgenden Jahres wurde das Richtfest gefeiert und bereits zu Weihnachten dieses Jahres konnte die einfache Benediktion der Kirche und der erste feierliche Gottesdienst gehalten werden. Am 28. August 1965 erfolgte die Konsekration der Kirche auf den Titel »Verklärung Christi« durch den Erzbischof von Freiburg und wenige Tage später wurde die bisherige Pfarrkuratie zur selbständigen Pfarrei erhoben.

Äußerlich überrascht die Kirche durch die kühne und strenge Wucht des Baues. Der über Eck gestellte quadratische Grundriß des Gotteshauses ist die Basis der dem rauhen Klima und den extremen Witterungsverhältnissen hervorragend angepaßten, äußerst widerstandsfähigen Bauweise. Die diagonal verlaufende Längsachse schneidet mit ihrer Spitze tief in den Berg ein, das steile Dach stößt mit seinen dreieckförmigen Flächen aus der Bergflanke heraus und ragt mit seiner äußersten Firstspitze weit über den Hang. Eine umlaufende Terrasse springt an dieser Giebelseite über dem den Gemeinderaum beherbergenden Sockelgeschoß weit vor, während sich an der oberen Bergseite, also der Giebelseite entgegengesetzt, der schlanke, 35 Meter hohe und mit der Kirche eine Einheit bildende Turm erhebt. Er besteht aus zwei rechtwinkelig zueinander gestellten Betonwänden, die sich zur Spitze hin dreieckförmig verjüngen. Im Innenwinkel sind drei aus akustischen Gründen fast geschlossene Betonkästen angebracht, in denen die Glocken aufgehängt sind.

Der Innenraum der Kirche ist überraschend weit und hoch. Die holzverschalte Decke spannt sich in einem einzigen Schwung von Wand zu Wand und senkt sich von der längsgerichteten Scheitellinie in zwölf Metern Höhe dem Gefälle des

Daches entsprechend nach beiden Seiten nieder. Der Altar, ein quadratischer Block aus Schwarzwald-Granit, steht über Eck an der bergseitigen Spitze der diagonalen Längsachse des Kirchengrundrisses – zehn Meter unter einem unterhalb der Decke angedeuteten Fensterschlitz, wo der bergseitige Erdboden verläuft. So tief ist die Kirche nämlich in den Hang eingegraben. Einen besonderen Akzent setzen die beiden inneren, aus groben Flußsteinen aufgemauerten Seitenwände, die links die Seitenkapelle und rechts die Sakristei mit einer kleinen Empore vom Hauptraum abtrennen. Die Empore mit der Orgel befindet sich auf der Giebelseite dem Altar diagonal gegenüber. Diese dem Tal zugewandte Kirchenseite ist voll verglast. Allerdings ist nur ein Teil der Fenster farbig gestaltet, um den Blick aus dem Kirchenraum in die weite Schwarzwaldlandschaft freizugeben.

Mit der Kirche »Verklärung Christi« auf dem Feldberg ist ein Gotteshaus entstanden, das in seinem Erscheinungsbild in vorbildlicher, moderner Bauweise der herben Feldberglandschaft einerseits und der traditionellen Schwarzwaldbauart andererseits angepaßt ist. Der Architekt, Dipl.-Ing. *Rainer Disse* aus Karlsruhe, hat die ihm gestellte Aufgabe bei der Kirchenweihe in folgende Worte gekleidet: »Es sollte hier eine klare, saubere, auf das Wesentliche zurückgeführte Architektur entstehen, die ohne veräußerlichende Verbrämung auskommt, nicht gebunden an irgendwelche modischen Effekte ... Das ganze ist eine Kirche unserer Zeit, die sich wohl in die rauhe Landschaft des Feldberges einfügt; es hat den großen Maßstab alter Schwarzwaldhöfe, jedoch ohne deren Formkanon übernehmen zu müssen. Der Bau besitzt jene Kraft der Selbstverständlichkeit, die ohne veräußerlichende Zeichen auskommt. Natur und Gebautes sind nicht vermischt, sondern integriert.« Zweifellos ist die Feldbergkirche ein architektonisches Meisterwerk, das, eingebettet in die strenge Bergwelt des Hochschwarzwalds, die für ein solches Bauwerk unabdingbaren Voraussetzungen erfüllt: Es wird dem großen Anspruch der umgebenden Natur ebenso gerecht wie der künstlerischen Verantwortung und der gottesdienstlichen Funktion.

34 Die Kapelle »St. Elisabeth« in Falkau

Die Architektur der Kapelle »St. Elisabeth« ist sichtlich vom Schwarzwaldhaus her inspiriert: das spitz zulaufende Zeltdach ist entsprechend dem herkömmlichen Baustil des Schwarzwaldes tief herabgezogen, die Form des die Kapelle überragenden 14 Meter hohen Dachreiters läßt einen Vergleich mit der Schwarzwaldfichte zu.

Falkau ist eine zur Großgemeinde Feldberg gehörende kleine Ortschaft in einem der schönsten südlichen Hochtäler des Feldbergmassivs. Der Ort liegt auf halber Strecke zwischen dem Titisee und Altglashütten an einer Nebenstraße und lebt, in dieser großartigen Landschaft fast selbstverständlich, hauptsächlich vom Fremdenverkehr.

Das kirchliche Leben Falkaus spielte sich bis zum 17. Jahrhundert in dem wenige Kilometer nordöstlich gelegenen Saig und ab dem 17. Jahrhundert in dem südwestlich direkt an Falkau angrenzenden Altglashütten ab. Ein eigenes Gotteshaus hatte der Ort also nie besessen. Mit dem Gedanken, in Falkau ein Kirchlein zu errichten, trug man sich erst, als das Erzbistum Freiburg hier – bedingt durch die heilklimatisch besonders günstige Lage des Ortes – eine seiner zahlreichen Ferien- und Bildungsstätten für Familien ins Leben gerufen hatte.

Als Standort für die neu zu erbauende Kapelle wählte man einen Südhang in unmittelbarer Nähe dieses Ferienheimes. Im Juni 1966 wurde mit den Erdarbeiten begonnen, Ende Oktober des gleichen Jahres fand das Richtfest statt und bereits im Juli 1967 konnte der Altar feierlich konsekriert werden. Als Grundriß besitzt die Kirche ein Fünfeck. Entsprechend der Bestimmung des Ge-

samtwerkes – die Kapelle ist der krönende Abschluß der Ferien- und Bildungsstätte – befindet sich unter ihrem Schiff ein Kindergarten, der mit dem Heim durch einen unterirdischen Gang verbunden ist. In der Grundstein-Urkunde steht der Satz: »Der architektonischen Gesamtkonzeption liegt der Gedanke zu Grunde, in die vom Christentum geprägte Landschaft des Hochschwarzwaldes ein Gotteshaus zu stellen, das trotz seiner modernen Form dem Gepräge der Landschaft und dem gläubigen Lebensgefühl des Schwarzwälders entspricht.« Tatsächlich ist die Architektur der Kapelle sichtlich vom Schwarzwaldhaus her inspiriert: tief herabgezogen ist das spitz zulaufende Zeltdach entsprechend dem herkömmlichen Baustil des Schwarzwaldes, vor allem aber bedingt durch die Witterungsverhältnisse in diesem Gebiet. Der auf der Nordseite, die zugleich Bergseite ist, liegende überdachte Haupteingang erinnert an die »Ifahr« des Schwarzwaldhofes, durch die die Ernte eingebracht wird. Die Form des die Kapelle überragenden 14 Meter hohen Dachreiters wiederum läßt einen Vergleich mit der Schwarzwaldfichte zu. Seine Spitze wird von einem aus Kupfer gearbeiteten Kreuz geziert.

Wenn man durch das kupferbeschlagene Tor in die Kapelle eingetreten ist, wird man unwillkürlich an

Die Innenausstattung ist von einer fast erhabenen Schlichtheit. Besonders eindrucksvoll ist die Anordnung eines Lichtbandes, das die Chorwand vom Scheitelpunkt bis zur Sohle teilt und im Licht der Mittagssonne in den Farben Rot, Grün und Blau zu leuchten beginnt.

das Wort der Geheimen Offenbarung erinnert: »Siehe das Zelt Gottes unter den Menschen« (Apok. 21,3). Die architektonische Linienführung entspricht in der Tat einem Zelt, dessen Stirnwand die elf Meter hohe, durch ein senkrechtes schmales betonverglastes Lichtband in zwei Hälften geteilte Chorwand ist. Die ebenfalls verglasten, durch Betonpfeiler aufgelösten Seitenwände fallen von hinten nach vorne soweit schräg ab, daß das Dach seitlich der Chorwand bis zum Fußboden hinunterreicht. Höchster Punkt des Innenraumes ist somit das obere Ende des himmelwärts strebenden Lichtbandes in der Chorwand, wodurch der Altar Zentrum und Mittelpunkt des Gotteshauses ist und die Blicke jedes Eintretenden sofort auf sich zieht.

Die Innenausstattung ist von einer fast erhabenen Schlichtheit. Der Altar mit der sinnbildlichen Darstellung des Opfersteines und des Abendmahltisches ist ebenso aus hellem Schwarzwälder Granit gefertigt wie Tabernakel-Stele, Ambo, Sedilien, Anrichte, Apostel-Leuchter und die beiden Weihwasser-Stelen. Etwas seitlich versetzt zum Altar steht das Kreuz mit dem Gekreuzigten, der ein ergreifendes Antlitz zeigt. Es ist eine Tiroler Arbeit aus dem 16. Jahrhundert. In der linken Ecke des Altarraumes steht eine aus Burgund stammende Eichenholzfi-

gur der Patronin St. Elisabeth, ebenfalls aus dem 16. Jahrhundert. Einer der wertvollsten Ausstattungsgegenstände ist die im Chorraum aufgestellte spätgotische Muttergottesstatue mit Kind, eine überdurchschnittliche Arbeit der fränkischen Schule um 1520.

Immer wieder hört man die Behauptung, daß moderne Kirchenbauten leblose Betongebilde seien, die durch ihre Nüchternheit enttäuschten und im Vergleich zu den prachtvollen Bauten der Gotik und des Barock geradezu ärmlich wirkten.

Sicherlich mag dieses Urteil auf viele Kirchenneubauten zutreffen, nicht jedoch auf die Kapelle St. Elisabeth in Falkau, deren Grundsteinurkunde mit dem Satz schließt: »Alle, die diese Kapelle betend aufsuchen, sollen erfahren, daß Christus in unserer Mitte ist . . .«. Und es gibt wohl kaum einen Gläubigen, der – ergriffen von der schlichten Schönheit dieses Gotteshauses – nicht die Wahrheit dieser Worte an sich selbst erfahren würde.

35 Die Kirche »St. Peter und Paul« in Bonndorf

Die Bonndorfer Kirche »St. Peter und Paul« besitzt eine ungewöhnlich reiche, einheitliche Innenausstattung, die eines der charakteristischsten und qualitätsvollsten Gesamtkunstwerke der Zeit kurz vor der Jahrhundertwende darstellt. Besonders die sämtliche Innenwände bedeckende figürliche und ornamentale Ausmalung ist von enormem Reichtum. Bemerkenswert auch der schöne Hochaltar, der die Form eines Ziborienaltars hat.

Fast genau in der Mitte zwischen dem Schluchsee im Westen und dem Randen im Osten, nur wenige Kilometer von der berühmten Wutachschlucht entfernt, liegt das Schwarzwald-Städtchen Bonndorf, ein aufstrebender Luftkurort und Wintersportplatz.

Von welcher Seite man sich dem Ort auch nähert, stets wird der Blick von der dominierend auf einem Hügel hoch über der Stadt stehenden Pfarrkirche gefesselt. Schon das äußere Bild dieses markanten, weit über das Land grüßenden Gotteshauses erweckt den Wunsch, ihm einen Besuch abzustatten.

Auf den ersten Blick eine Basilika, entpuppt sich die Kirche bei näherem Hinsehen als eine geordnete, dreischiffige und sechsjochige pseudobasilikale Anlage mit dreiseitig geschlossenem Chor von der Breite des Mittelschiffs und einem Eingangsjoch, in welches der Fassadenturm einschneidet.

Nachdem die ursprüngliche, zu einem mit der Säkularisation aufgehobenen Paulinerkloster gehörende Pfarrkirche des Ortes im Juli 1842 einem Großbrand zum Opfer gefallen war, wurde die heutige Kirche ab 1844 in fast 15jähriger Bauzeit errichtet. *Joseph Berckmüller,* einer der begabtesten Schüler *Weinbrenners,* entwarf zwar die Pläne für den Kirchenneubau (für dessen Ausführung auf-

grund der Säkularisationsverträge der Staat, d. h. die großherzogliche Hofdomänenkammer zuständig war), von denen jedoch immer mehr Abstriche gemacht werden mußten, insbesondere, weil es an finanziellen Mitteln fehlte. So wurden beispielsweise die für eine Basilika obligatorischen Obergadenfenster, also die Hochfenster des Mittelschiffes, mit Holz geschlossen und die Außenwände der Seitenschiffe entsprechend erhöht. Speziell für diese Änderung der Pläne dürften allerdings auch die schneereichen Schwarzwaldwinter mitverantwortlich gewesen sein, da Lichtgaden im Mittelschiff eine wesentlich flachere Neigung der Seitenschiffdächer vorausgesetzt hätten. Statt einer echten Basilika entstand also schließlich eine Pseudobasilika, die jedoch recht eindrucksvoll geworden ist und eine gelungene Synthese von klassizistischer Tradition und frühchristlicher Basilika darstellt.

Die ursprüngliche Innenausstattung der Kirche war recht bescheiden, ja fast kärglich. Erst durch das Eingreifen des berühmten Architekten *Heinrich Hübsch* (1795–1863), einem Schüler Weinbrenners und dessen Nachfolger als Baudirektor in Baden im Jahr 1858, wurde die Ausstattung des Gotteshauses reicher. So erhielt es u. a. drei neue Altäre (die allerdings heute nicht mehr vorhanden sind) und die von Bildhauer *Xaver Reiche* aus Hüfingen geschaffene, noch gut erhaltene Gruppe der Mutter Gottes mit den Engeln in der Vorhalle über dem Haupteingang.

Trotzdem empfand die gegen Ende des 19. Jahrhunderts lebende Generation die nach wie vor schlichte Ausstattung mit ihren nachklassizistischen Formen als zu armselig. Der damalige Stadtpfarrer *Honold* verglich die Kirche gar mit einem »geleerten Magazin«. Der insbesondere durch seine Altarbauten bekannt gewordene Bildhauer, Maler und Altarbauer *Franz Simmler* (1846–1926) entwarf deshalb ab etwa 1891 eine neue, ungewöhnlich reiche, einheitliche Innenausstattung, die zu einem der charakteristischsten und qualitätsvollsten Gesamtkunstwerke der damaligen Zeit wurde. Besonders die sämtliche Innenwände bedeckende figürliche und ornamentale Ausmalung durch *Franz Simmler*, die im Jahre 1906 vollendet wurde, ist von enormem Reichtum. Die figürlichen Malereien stellen u. a. die 12 Apostel, das Glaubensbekenntnis und – an den Chorwänden – die sieben Sakramente dar. Bei den ornamentalen Malereien, die riesige Flächen des großen Kirchenraumes bedecken, handelt es sich um gotisierte Ranken und byzantinisierte Palmetten bzw. Mäander, letztere mit romanisierten-byzantinisierten eckig-verschränkten

Die genordete, über der Stadt stehende Pfarrkirche ist eine dreischiffige, sechsjochige, pseudobasilikale Anlage mit dreiseitig geschlossenem Chor von der Breite des Mittelschiffes und einem Eingangsjoch, in welches der Fassadenturm einschneidet.

Blattornamenten. Daneben kommen auch noch architektonische Motive, wie gemalte Rundbogenstellungen über Quadern unter den Fenstern der Seitenschiffe, vor.

Die Fenster selbst sind überwiegend figürlich gestaltet und zwar in der Art der Ausmalung der Kirche. Dargestellt sind Heiligenlegenden, deren eindrucksvollste wohl die von 1914 stammende Taufe Jesu im Jordan durch Johannes den Täufer ist und die sich an einem Fenster der Ostseite befindet. Zwischen den Fenstern der Seitenschiffe erscheinen in Zweiergruppen große gemalte Kreuzwegstationen, bekrönt von gemalten halbkreisförmigen Tympana und Wimpergen, die ebenfalls von *Franz Simmler* stammen. Übrigens sind auch die drei prächtig ausgestalteten Altäre der Kirche, der Hauptaltar und die beiden Seitenaltäre, Werke Simmlers, während die zahlreichen gefaßten Holzfiguren im Kirchenraum wahrscheinlich nur nach seinen Entwürfen gefertigt wurden.

Von 1972 bis 1974 wurde der Innenraum der Kirche gänzlich renoviert und zeigt sich nun wieder in dem Glanz, den er bei seiner Fertigstellung im Jahr 1906 ausstrahlte.

36 Die Kirche »St. Johann« in Donaueschingen

Auf der Hochfläche der Baar, einer reizvollen Landschaft zwischen Schwarzwald, Schwäbischer Alb und dem zum Schweizer Jura gehörenden Randengebirge, liegt Donaueschingen. Das Stadtbild wird bestimmt durch hübsche Bürgerhäuser im Wechsel mit modernen Gebäuden und durch zahlreiche blumen- und brunnengeschmückte Plätze und Parkanlagen. Zwischen Schloß und Stadtpfarrkirche, kunstvoll eingefaßt in einem Quelltempel, entspringt die Donau im fürstlichen Park. Sie beginnt hier ihren 2850 Kilometer langen Lauf bis zur Mündung im Schwarzen Meer. Als Stätte der Kultur und Begegnung hat das Städtchen nicht erst seit jüngster Zeit einen weltweiten Namen. Seit 1921 finden hier alljährlich im Oktober die internationalen Musiktage für zeitgenössische Tonkunst statt. Berühmte Komponisten wie *Hindemith, Strawinsky, Stockhausen* und *Boulez* haben ihren musikalischen Weg in Donaueschingen begonnen. Zu den weiteren Anziehungspunkten gehört natürlich das Schloß des Fürsten zu Fürstenberg mit seiner sehenswerten Inneneinrichtung. Die Fürstenbergischen Sammlungen mit der berühmten Gemäldegalerie und die Barockkirche St. Johann sind wahre Fundgruben für den Kunstfreund.

Dieses Gotteshaus, ein Werk des kaiserlichen Architekten *Maxi-milian Franz Kankas* aus Prag, steht mit seinen beiden Zwiebeltürmen als Fremdling in der Baarlandschaft. Es ist eine typisch böhmische Kirche, erbaut in einem Stil, den man Ost- oder Böhmischen Barock nennt und der nirgendwo sonst in der gesamten Bundesrepublik Deutschland anzutreffen ist.

Die Vorgängerin der heutigen Kirche stammte wahrscheinlich aus dem 15. Jahrhundert und hat ihrerseits eine noch ältere Kirche abgelöst. Alle diese Gotteshäuser standen an der gleichen Stelle wie die heutige Stadtpfarrkirche, die zwischen 1724 und 1743 erbaut worden ist. Daß der Bau fast zwanzig Jahre gedauert hat, ist in erster Linie darauf zurückzuführen, daß Kanka, »einer der meistbeschäftigten Baumeister des böhmischen Adels«, zwar die Pläne für den Kirchenneubau anfertigte, die Bauleitung jedoch aus Zeitgründen nicht selbst übernehmen konnte. Dadurch stand der Bau von Anfang an unter einem unglücklichen Stern. So zeigten sich bereits am Rohbau, der schon ein Jahr nach Baubeginn fertiggestellt war, schwere Mängel in der Konstruktion. Auch im Kirchenraum hat das unfachmännische Arbeiten des einheimischen Bauleiters, *Jakob Hering* aus Immendingen, deutliche Spuren hinterlassen, beispielsweise an dem krummen Gewände des Chorbogens und bei der

Linke Seite: Mit ihren beiden Zwiebeltürmen ist die zwischen 1724 und 1743 neben dem Fürstlich Fürstenbergischen Schloß in Böhmischem Barock erbaute Kirche ein Fremdling in der Baarlandschaft.

Das künstlerisch wertvollste Ausstattungsstück der Kirche ist der 1749–51 von Matthäus Bäusch geschaffene prächtige Hochaltar.

unverstandenen Lösung der Pilaster-kapitäle. Schließlich erhielten die Gewölbefelder zwischen den Gurtbogen keine ovalen Kuppeln wie von Kanka vorgesehen, sondern Tonnen.

Außen ist die Kirche, die als charakteristisches Merkmal die beiden Fassadentürme mit ihren typischen Zwiebelkuppeln besitzt, recht schmucklos, die Wände sind durch glatte Lisenen gegliedert. Dennoch ist sie ein Bau von ernster Monumentalität mit einer sehr eindrucksvollen Silhouette. Der Innenraum mit dem gegenüber dem Hochbarock kühleren Böhmischen Barock wirkt durch seine großzügigen Dimensionen. Die erste Stelle unter den Ausstattungsstücken der Kirche nimmt wegen seines künstlerischen Ranges der Hochaltar ein, ein Werk des Hofschreiners *Matthäus Bäusch* aus Meßkirch (1749/51). Die beiden sehr schönen, geradezu leuchtenden Gemälde dieses Altars stammen von dem bekannten Hofmaler des *Grafen Wilhelm zu Waldburg-Scheer, Joseph Esperlin.* Auch die beiden, der Gottesmutter und der hl. Walburga geweihten Seitenaltäre sind Neuschöpfungen der damaligen Zeit, nachdem die ursprünglich aus der Vorgängerkirche übernommenen nicht mehr befriedigten. Von der Ausstattung der alten Kirche ist im übrigen nur sehr wenig erhalten, an erster Stelle sei hier die von 1522 stammende

»Donaueschinger Madonna« genannt, die heute ihren Platz an der rechten Seitenwand hat. Ein weiteres beachtenswertes Werk aus der Zeit vor dem Kirchenneubau ist ein Auferstehungschristus, der 1705 von dem aus Vöhrenbach stammenden *Adam Winterhalter* geschnitzt wurde. Diese Figur wird während der Osterzeit über dem Hochaltar aufgestellt. Bemerkenswert ist die Kanzel der Kirche, ein schlichtes Schnitz- und Tischlerwerk des berühmten Villinger Kunstschreiners *Martin Hörmann* von 1736. Zum Schluß sei noch ein kunstgeschichtliches Kuriosum erwähnt: 1726/27 fertigte der Donaueschinger Schreiner *Michael Bader* die beiden Sakristeitüren unter konsequenter Anwendung der Stilformen des frühen 17. Jahrhunderts an.

Fünfmal ist die Kirche seit Ihrer Erbauung renoviert worden: 1835, 1862, 1893–96, 1931 und 1960/61. Während es sich bei den ersten drei um ziemlich stilfremde Innenrenovationen handelte, war die 1931 unter dem kunstsachverständigen Stadtpfarrer *Msgr. Dr. Feurstein* (der während des Zweiten Weltkrieges im KZ Dachau umgekommen ist) durchgeführte ein bedeutender Schritt in Richtung auf die Wiederherstellung des von Kanka ursprünglich geplanten Innenraumes. Doch erst die jüngste Renovation, die neben einem völligen Neuverputz auch die Altäre, die

Kanzel und sämtliche Bildwerke mit einschloß, trug dieser Absicht voll Rechnung.

37 Die Wallfahrtskirche »Maria in der Tanne« zu Triberg

Mit Triberg, der »Perle im Mittleren Schwarzwald«, verbinden sich mehrere Superlative. Da sind einmal die berühmten Triberger Wasserfälle, die mit ihren insgesamt 162 Metern Fallhöhe als höchste Wasserfälle Deutschlands gelten. Dann ist da noch die in den Jahren 1863–73 erbaute, weit über Deutschlands Grenzen hinaus berühmte Schwarzwaldbahn, die sich hinter Triberg in ihrer ganzen Großartigkeit zeigt. Und schließlich besitzt der inmitten »dreier Berge« gelegene heilklimatische Kurort auch eine Wallfahrtskirche, die zu den schönsten ganz Süddeutschlands gehört und so bedeutend war, daß sie sogar einmal für Einsiedeln eine »Konkurrenz« darstellte.

Die Kirche, deren Äußeres in strenger Form und kubischer Wucht gehalten ist, fügt sich harmonisch in die Schwarzwald-Landschaft. Das rechteckige Langhaus hat eine flache Holzdecke mit über Eck gestellten quadratischen Feldern, der in den Rechtecksaal eingezogene Chor ein Tonnengewölbe mit Stichkappen. Die ungewöhnlich hohen Rundbogenfenster des Langhauses werden bis zur Decke emporgeführt. Die einheitliche, volkstümlich-prächtige Ausstattung des Gotteshauses weist die satten Formen des Spätbarock auf. Die herrlichen Altäre und die prächtige Kanzel mit ihren aus-

drucksvollen Figuren stammen von *Anton Joseph Schupp* (1664–1729) aus Villingen, ebenso wie die hervorragende Kreuzigungsgruppe am Chorbogen. Von historischem Wert ist das die Stadt Villingen naturgetreu darstellende große Votivbild an der Langhaus-Südseite, das *Johann Georg Glyckher* aus Rottweil 1715 gemalt hat. Einen besonderen Schatz enthält die Kirche in dem in Silber getriebenen Antependium, das der badische *Markgraf Ludwig Wilhelm* (Türkenlouis) 1706 aus Dankbarkeit für die Heilung seines Sohnes stiftete.

Wie die meisten Wallfahrten verdankt auch die Wallfahrtskirche »Maria in der Tanne« zu Triberg ihre Entstehung einem Wunder, das sich der Legende nach zur Zeit des Dreißigjährigen Krieges zugetragen haben soll. Ein Pergamentbildchen der Gottesmutter an einer Tanne neben einer Quelle, von einem Unbekannten dort angebracht, war der eigentliche Ursprung der Wallfahrt: Ein kleines Mädchen nahm dieses Bildchen, nachdem es vom Stamm herabgefallen war, mit nach Hause und drohte unmittelbar danach fast zu erblinden. Seine gläubigen Eltern sahen zwischen dem unrechtmäßig angeeigneten Bildchen und dieser Erkrankung einen Zusammenhang und veranlaßten, daß das Kind das Bild wieder an den Fundort zurückbrachte und an den Stamm der Tanne heftete. Und

Harmonisch fügt sich die zu Anfang des 18. Jahrhunderts in unmittelbarer Nähe des Wallfahrtsursprungs erbaute Wallfahrtskirche »Maria in der Tanne« in die Schwarzwald-Landschaft.

siehe da, nach wenigen Stunden war das Mädchen wieder gesund. Ein Jahr später wurde ein Triberger Schneider, nachdem er sich in der Quelle neben der Tanne gewaschen hatte, vom Aussatz befreit und stiftete aus Dankbarkeit ein aus Lindenholz geschnitztes Marienbildnis, das er in eine Nische der Tanne stellte. Weitere wunderbare Heilungen führten mehr und mehr Menschen zu diesem Gnadenbild und so wurde ein Schindeldach über der Figur errichtet. Ein Tiroler Soldat, der während

des Orleanischen Krieges durch seine Gebete zur Gottesmutter von fürchterlichen Gliederschmerzen befreit wurde, baute schließlich im Jahr 1696 eine hölzerne Kapelle darüber. Doch die war bald nicht mehr in der Lage, die vielen Pilger aufzunehmen, die Tag für Tag mit ihren Sorgen und Nöten zum Gnadenbild kamen, so daß in Erwägung gezogen wurde, eine größere Kirche aus Stein zu bauen. Aber erst, nachdem eine bischöfliche Kommission die ausdrückliche Erlaubnis dazu erteilt hatte, konnte

Die einheitliche, volkstümlich-prächtige Ausstattung der Kirche weist die satten Formen des Spätbarock auf. Die drei herrlichen Altäre, Ausdruck der heiligen Dreifaltigkeit, füllen die Wandflächen an der Mauer des Triumphbogens und im Chor aus. Der Hochaltar trägt das Gnadenbild von 1645, am Chorbogen die hervorragende Kreuzigungsgruppe, ebenso wie Altäre und Kanzel ein Werk von Anton Joseph Schupp aus Villingen.

im Jahr 1700 mit dem Bau der heutigen Kirche begonnen werden, der sich bis 1705 hinzog. Ihre Einweihung erfolgte nach Beendigung des Spanischen Erbfolgekrieges im April des Jahres 1716, der Hochaltar mit dem Gnadenbild der Gottesmutter (bei dem es sich um jene Figur handelte, die der Triberger Schneider 1645 in die Tannennische gestellt hatte) wurde zu Ehren Mariens und der Apostel Petrus und Paulus konsekriert.

Fast hundert Jahre lang erfreute sich die Wallfahrt größter Beliebtheit (wenngleich zeitweise ein Rückgang zu erkennen war), bis der Ort Triberg im Jahr 1807 an den Badischen Staat kam. Um der von diesem beabsichtigten Aufhebung der Wallfahrtskirche zu entgehen, machte man sie im Jahr 1808 zur Pfarrkirche des Ortes. Erst nach 150 Jahren, im Jahre 1959, wurden ihr die Pfarrechte wieder genommen und der neuen, in der Stadtmitte Tribergs 1956–58 erbauten Clemenskirche übertragen. Seitdem dient die Kirche »Maria in der Tanne« wieder ihrem ursprünglichen Zweck als Wallfahrtskirche, den sie allerdings auch während ihrer Eigenschaft als Pfarrkirche nie ganz verloren hatte.

Bleibt abschließend zu erwähnen, daß die Kirche in den Jahren 1950–53 gänzlich renoviert wurde. Diese Arbeit wird als eine der größten denkmalpflegerischen Leistungen in Süddeutschland seit dem letzten Weltkrieg betrachtet. Eine neue Renovation steht kurz bevor, die Vorbereitungsarbeiten sind bereits angelaufen.

38 Die Kirche »St. Nikolaus« in Buchenberg

Im Mittleren Schwarzwald, jeweils nur wenige Kilometer von Königsfeld und der bekannten Bergstadt St. Georgen entfernt, liegt das von ausgedehnten Wäldern umgebene Dorf Buchenberg. Die weit verstreute, auf einer aussichtsreichen Hochfläche gelegene Gemeinde beherbergt als besonderes Kleinod eine uralte, wahrscheinlich aus karolingischer Zeit stammende Kirche.

Nach der Überlieferung soll sich das Kirchlein aus einer frühchristlichen Zelle entwickelt haben. Es ist allerdings nicht nachweisbar, ob sie vom Kloster Hirsau direkt oder aber von diesem um 1084 gegründeten benachbarten Benediktinerkloster St. Georgen abhing. Es besteht aber auch die Möglichkeit, daß die Zelle mit Villingen oder mit der Reichenau zusammenhing. Die erste verbürgte Nachricht über Buchenberg stammt aus dem Jahre 1275 und ist in einem Zehntbuch über Abgaben für die Kreuzzüge enthalten. 1369 wird Buchenberg beim Kloster St. Georgen und 1437 beim Zisterzienserinnenkloster Rottenmünster bei Rottweil erwähnt, dem um diese Zeit viele Güter im Schwarzwald gehörten. Nachdem *Herzog Ulrich von Württemberg,* unter dessen Herrschaft sich Buchenberg befand, 1534 zum protestantischen Glauben übergetreten war und die Reformation in seinem Land eingeführt hatte, kam es zu einem langwierigen Streit zwischen dem Herzog und der Äbtissin von Rottenmünster, die sich die Verwaltung der Buchenberger Pfarrei und vor allem des Nikolaus-Heiligenfonds nicht nehmen lassen wollte. 1565 verlegte deshalb der Nachfolger Herzog Ulrichs, *Herzog Christoph von Württemberg,* die Pfarrei nach Tennenbronn, der damaligen Filiale von Buchenberg. Gottesdienste fanden von nun an abwechselnd in Tennenbronn und Buchenberg statt.

Mit der Einführung des neuen Bekenntnisses wurden an der Buchenberger Kirche umfangreiche bauliche Veränderungen vorgenommen, die zum Teil heute noch ersichtlich sind, so unter anderem das 1591 zugemauerte Westportal. Während des Dreißigjährigen Krieges diente die Kirche dem Tennenbronner Pfarrer als Zufluchtsstätte, nachdem Tennenbronn zusammen mit St. Georgen vorübergehend wieder katholisch geworden war. Lange Zeit mußte sie deshalb – nicht zuletzt mit Waffengewalt – verteidigt werden. Nennenswerte Schäden trug sie aber in dieser Zeit ebensowenig davon wie während des Spanischen Erbfolgekrieges zwischen 1701 und 1714, obwohl das Dorf Buchenberg selbst mehrmals zum großen Teil eingeäschert wurde. Dagegen erlitt sie bei Erdbeben in den Jahren 1671, 1692, 1715 und 1718 erhebliche Beschädigungen, was

*Das am Ortsrand von Buchen-
berg stehende Kirchlein »St. Nikolaus« stammt mit seinen ältesten Teilen vermutlich noch aus karolingischer Zeit. Die Kirche ist der letzte
Überrest einer ausgedehnten Ortschaft, die sich einstmals bis ins Glasbachtal hinab erstreckt hat.*

wohl die Hauptursache dafür war,
daß sie 1722 erhöht und stark verändert worden ist. Die letzte große Be-
schädigung trug das Kirchlein 1793
durch einen Blitzschlag davon. Der
dabei zerstörte Dachreiter auf dem
Chor wurde durch einen Glocken-
turm auf dem Schiff ersetzt.

Nachdem Buchenberg 1810 zu
Baden gekommen war, gehörte es zunächst zur Pfarrei Mönchweiler und
wurde erst 1835 wieder eigene Pfarrei. Damals erhielt die Gemeinde
zwar ein neues Pfarrhaus, die Klagen
über die zu kleine, feuchte und baufällige Kirche wurden jedoch immer
lauter. Ihr Abbruch wurde deshalb
noch bis in unser Jahrhundert hinein
erwogen, zumal Buchenberg 1902
eine neue Kirche erhielt. Schließlich
gab man jedoch die Abbruchpläne
auf und der badische Staat übernahm
die weitere Baupflicht über das
Kirchlein. Es geriet jedoch fast völlig
in Vergessenheit und auch in den folgenden Jahrzehnten wurde nicht viel
getan. Eine der wenigen Instandsetzungsarbeiten war der Ersatz des total verschwammten Holzfußbodens
durch Steinplatten, um damit das
alte Gestühl im Schiff zu retten. Erst
1951–57 wurden größere Erhaltungs-
und Instandsetzungsmaßnahmen
durchgeführt, zu denen auch der Abbruch der seitlichen und von Teilen
der hinteren Empore gehörten. Hierbei deckte man bedeutende Wand-

Ältester Teil der Kirche ist das
gegen Ende des 11. Jahrhunderts errichtete Schiff, während beispielsweise der heutige Chor erst im 15. Jahrhundert angebaut wurde. Etwa der
gleichen Zeit dürften die steilen Bänke
im Schiff entstammen, während die im
Hintergrund sichtbare Empore im
Zusammenhang mit einer Erhöhung
des Kirchenschiffes eingebaut wurde.
Der Taufstein im Vordergrund ist vor
1450 aus einem einzigen Stein gehau-
en worden. Die rechts sichtbare Kanzel befand sich in einer Rottweiler Kirche und wurde 1720 nach Buchenberg
verbracht.

malereien auf, die heute den schönsten Schmuck des Kirchleins darstellen.

Früher stand die Kirche an der höchsten Stelle Buchenbergs, das unterhalb im Glasbachtal lag. Von dieser alten Ortschaft sind allenfalls noch dürftige Spuren zu finden, während sich das heutige Buchenberg oberhalb der Kirche auf der Höhe ausdehnt. Dadurch ist die Kirche völlig in den Hintergrund getreten und versteckt sich hinter hohen Bäumen unterhalb des Gasthaues »Zur Linde«, dem aus dem Jahr 1716 stammenden ehemaligen Schulhaus. Das Innere der Kirche ist ein Rechtecksaal mit gleich breitem Chor mit Rippengewölbe. Im Mittelpunkt des Chores steht der spätromanische, aufgemauerte Altar, vor ihm ragt der sechzehneckige Taufstein auf, der vor 1450 aus einem Stein gemeißelt worden ist. Besonders bemerkenswert sind die uralten Emporenbänke und das »Herrgöttle«, der Torso eines romanischen Kruzifixes (um 1200), der jahrhundertelang unbeachtet auf dem Chorgewölbe gelegen hatte und dessen Fund die Kirche eigentlich erst richtig bekannt gemacht hat. In der Kirche hängt allerdings nur eine 1961 angefertigte Kopie, während das wertvolle Original im Rathaus Buchenbergs verwahrt wird. Schließlich sei auch noch die Sakristei mit zwei sich kreuzenden Tonnengewölben erwähnt, von der vermutet wird, daß sie entweder die Urzelle der Kirche war oder aus einem älteren Chor entstand.

In der St.-Nikolaus-Kirche werden regelmäßig nur noch zwei Gottesdienste im Jahr gehalten. Am Heiligen Abend wird die Christvesper in der durch Kerzen erleuchteten Kirche als liturgischer Abendmahlsgottesdienst gefeiert und der zweite Gottesdienst findet jeweils an einem September-Sonntag statt. Außerdem lassen sich zahlreiche Brautpaare aus ganz Deutschland hier trauen. Während des Sommers finden mitunter kirchenmusikalische Feierstunden statt.

39 Das Heilig-Kreuz-Münster in Rottweil

Das Stadtbild der Rottweiler Altstadt wird vom Heilig-Kreuz-Münster geprägt, das als eine der schönsten gotischen Kirchen im schwäbischen Raum gilt.

Rottweil ist eine außerordentlich malerische Stadt, die am Ostrand des Schwarzwaldes hoch über dem Neckartal auf einem von zwei Talschluchten umgebenen Muschelkalkfelsen liegt. Es ist eine der ältesten Schwarzwald-Städte, die auf eine römische Siedlung von 74 n. Chr. zurückgeht. Die heutige Stadt stammt aus dem 12. Jahrhundert und ist vermutlich eine Gründung der Staufer. Das Stadtbild der ehemaligen wehrhaften Reichsstadt wird von der eigentümlichen alemannischen Bauweise der Häuser bestimmt; sie stehen nicht wie üblich mit der Giebel-, sondern mit der Traufseite zur Straße. Viele dieser Häuser mit ihren teilweise altertümlichen Fenstern und Erkern stammen aus dem 17./18., ja sogar aus dem 14./15. Jahrhundert. Anders als manche ihrer Nachbarstädte ist Rottweil nämlich niemals in seiner Geschichte völlig zerstört worden, wodurch das mittelalterliche Gepräge des Stadtkerns weitgehend erhalten geblieben ist. Kein Wunder, daß Rottweil besonders viele Sehenswürdigkeiten besitzt, angefangen bei dem erwähnten Stadtkern über den gut erhaltenen Mauerring mit Stadtgräben bis hin zu den schönen alten Kirchen.

Das zweifellos schönste und eindrucksvollste Gotteshaus Rottweils ist das gotische Heilig-Kreuz-Münster. Die Vorläuferin der heutigen Kirche entstand in der ersten Hälfte des 13. Jahrhunderts. Es handelte sich um eine spätromanische Basilika mit einem Rechteckchor, die etwa so lang war wie das heutige Kirchenschiff. Von dieser Urkirche sind die schon spitzbogigen Arkadenbogen an der Turmnordwand im Innern der Kirche erhalten. Vom 15. Jahrhundert an erfolgte ihr Umbau im gotischen Stil mit Einbeziehung des romanischen Turmes vom jetzigen Heilig-Kreuz-Münster, dessen Namen und Entstehung in die Zeit der Kreuzzüge weisen. Der hochgotische Chor mit der Sakristei entstand zu Beginn des 15. Jahrhunderts, zwischen 1497 und 1534 das spätgotische dreischiffige Langhaus mit Netzgewölbe. Nach Beendigung des Dreißigjährigen Krieges ist die Kirche barockisiert worden und bekam u. a. 13 hohe Barockaltäre. Die barocke Ausstattung wurde jedoch bei der Restauration 1840–43 durch *Professor C. v. Heideloff* wieder beseitigt und machte »reiner Gotik« Platz. Die meisten der noch heute in der Kirche vorhandenen gotischen Altäre wurden damals im Kunsthandel gekauft. Nach der Erneuerung der Vorhalle an der Südseite im Jahr 1900 ist die Kirche 1912–14 erneut renoviert worden, wobei die Westseite gleichzeitig neben einer grundlegenden Umgestaltung einen Vorbau erhielt. Zum Münster erhoben wurde die Kirche

Vom freien Kirchplatz, einstmals
der Friedhof, betritt man durch das
prächtige, 1900 von Grund auf erneu-
erte Südportal das Innere des Münsters.

Von dem knappen Dutzend
Altäre des Heilig-Kreuz-Münsters ist
der Apostel-Altar im südlichen Seitenschiff einer der prunkvollsten. Das
Mittelstück des mit 39 Statuen und
Statuetten ausgestatteten Altars zeigt
die Krönung Mariens.

anläßlich der 800-Jahr-Feier der Stadt Rottweil im Jahre 1950 durch den Bischof von Rottenburg.

Das äußere Bild des Münsters prägt der bis zu 30 Meter ansteigende, das Langhaus außen und innen überragende, von Strebepfeilern gestützte Chor, dessen First ein zierliches Glockentürmchen mit dem 1773 gegossenen Sakramentsglöcklein krönt. Der Innenraum bietet in geradezu majestätischer Schönheit ein erhabenes Gesamtbild vornehmer Hochgotik mit schönem Mauerwerk, schlanken Pfeilern, spitzbogigen Arkaden, hohen Maßwerkfenstern und sich verzweigenden Netzgewölben. Durch die in die Seitenschiffe einbezogenen Strebepfeiler ergaben sich günstige Möglichkeiten für Altarnischen. Von den zahlreichen Altären in diesen Nischen stammen zwei (der Petrus- und der Nikolausaltar) aus der alten Kirche, während alle anderen Neuerwerbungen sind. Die Wände des 16 Meter hohen Mittelschiffes sind fensterlos und werden gegen die sechs Meter niedrigeren Seitenschiffe durch schöne, von reichgegliederten Pfeilern eingefaßte Arkadenbogen begrenzt. Über allen drei Schiffen wölben sich vielseitig verzweigte Netzgewölbe mit der reichen Linienfülle der Spätgotik. Demgegenüber nimmt sich das einfache Kreuzgewölbe mit Schluß- und Tragsteinen über dem prächtigen

Chor fast bescheiden aus. Der Hochaltar, ein seltener gotischer Kastenaltar mit einer Gittertür auf der Rückseite, wird von einem überlebensgroßen, spätgotischen Kruzifix überragt, das namhafte Kunsthistoriker dem Nürnberger Meister Veit Stoß zuschreiben.

Der hochgotische Chor und das dreischiffige Langhaus mit seinen wohlgegliederten Säulen und reichen Netzgewölben verleihen dem Rottweiler Heilig-Kreuz-Münster eine überragende Bedeutung und machen es zu einer der schönsten gotischen Kirchen im schwäbischen Raum.

40 Die ehemalige Benediktiner-Abtei Alpirsbach

Hauptanziehungspunkt des reizvoll im oberen Kinzigtal gelegenen Städtchens Alpirsbach ist die ehemalige Benediktinerabtei, deren noch vollständig erhaltene Kirche eines der wertvollsten Zeugnisse deutscher romanischer Kultur darstellt. Bereits seit der Reformation im Jahre 1534 evangelisch, wurde das Kloster 1807 aufgehoben. Seither dient die Klosterkirche der evangelischen und das ehemalige Refektorium der katholischen Gemeinde als Gotteshaus.

Die Kinzig entspringt bei Loßburg südöstlich von Freudenstadt, tritt bei Offenburg in die Rheinebene ein und mündet bei Kehl in den Rhein. Vom Ursprung bis nach Offenburg zieht sich das Kinzigtal siebzig Kilometer hin und bildet eine der wichtigsten Ost-West-Verbindungen des mittleren Schwarzwaldes. Das obere Kinzigtal zwischen seinem Ursprung und Hausach ist landschaftlich besonders reizvoll und hier liegt in waldreicher Umgebung die alte Klosterstadt Alpirsbach. Das Städt-chen, dem 1976 das Prädikat »staatlich anerkannter Luftkurort« zuerkannt wurde, ist ein besonders sehenswerter Schwarzwald-Ort. Tradition und Fortschritt vereinigen sich in seltener Harmonie; rund um den Stadtkern mit seinen schönen alten Fachwerkhäusern, romantischen Brunnen und dem prächtigen Rathaus von 1566 ist eine moderne Kurstadt entstanden.

Hauptanziehungspunkt ist jedoch zweifellos die ehemalige Benediktinerabtei über der Stadt, deren

In diesem stimmungsvollen spät-gotischen Kreuzgang finden jedes Jahr die beliebten und weithin be-rühmten Sommerkonzerte statt.

Kirche eines der wertvollsten Zeugnisse deutscher romanischer Kultur darstellt. Die Klostergründung beruht auf einer Stiftung durch *Ruotman von Hausen, Adalbert von Zollern* und *Alwig von Sulz,* die im Jahre 1095 auf ihrem gemeinsamen Erbgut ein Benediktiner-Doppelkloster (für Mönche und Nonnen) gründeten und sogleich mit ausgedehnten Ländereien ausstatteten. Mönche aus St. Blasien besetzten das Kloster, das damit eines von insgesamt 24 Tochterklöstern der damaligen Benediktinerabtei St. Blasien war. Am Anfang behalf man sich mit einem provisori-

schen, aus Holz errichteten Oratorium. Unmittelbar nach der Klostergründung jedoch begann man mit dem Bau der Klosterkirche, der sich jedoch bis um 1125 hinzog, also von der Grundsteinlegung bis zur Vollendung rund 30 Jahre dauerte. Etwa zur gleichen Zeit wurden der Nordturm bis zum Dachgesims, die Klausur und der Kreuzgang errichtet. Doch damit war die Bautätigkeit noch nicht abgeschlossen. Um 1220 entstand eine neue Sakristei und im 14. Jahrhundert, als Alpirsbach unter *Abt Bruno,* dem »tüchtigsten und würdigsten aller bisherigen Äbte«, seine größte

Blütezeit erlebte, wurden weitere bauliche Veränderungen und Erweiterungen vorgenommen. Unter seinem Nachfolger erhielt die Vorhalle ihre endgültige Gestalt und noch später – zwischen 1414 und 1432 – wurde der Turm gesichert, wobei das nördliche Seitenschiff des Presbyteriums verändert wurde. Etwa zur gleichen Zeit muß die Ostapsis das gotische Obergeschoß erhalten haben. Der Kreuzgang erhielt 1481 bis 1494 seine heutige Form und aus derselben Zeit stammen der Konventsaal und das ehemalige Dormitorium, der mönchische Schlafraum, mit seinen Zellen.

Zu Anfang des 16. Jahrhunderts suchten Brände das Kloster heim und 1525 wurde es von rebellierenden Bauern gestürmt, die schwere Verwüstungen anrichteten. 1534 wird schließlich die Reformation eingeführt und das Kloster blieb – mit einer kurzen Unterbrechung von 1629 bis 1648, während der es nochmals von Benediktinern besiedelt war – bis zu seiner Aufhebung im Jahre 1807 evangelisch. Heute dient die Klosterkirche der evangelischen und das ehemalige Refektorium der katholischen Gemeinde als Gotteshaus.

Daß es sich bei Alpirsbach um ein Kloster der Cluniazenser, einer Reformbewegung des Benediktinerordens, gehandelt hat, geht aus der mathematisch faßbaren Wahl der Maßeinheiten hervor, auf denen der Wohlklang des Kirchenraumes beruht. An die Stelle von Schmuckformen, auf die die Reform als Zeichen der Askese verzichtete, traten nämlich neben einer besonderen Sorgfalt der Materialbehandlung »Maß und Zahl«.

Das Innere dieser außergewöhnlichen stilreinen, romanischen, dreischiffigen Säulenbasilika – eine der besterhaltenen Flachdeckenbasiliken – ist außerordentlich schlicht. Von dem ehemals reichen Inventar blieb nur wenig erhalten. Eines dieser wenigen kostbaren Stücke ist eine Bank aus romanischer Zeit, die aus gedrehten Rundhölzern in byzantinischer Technik gearbeitet ist. Auffallend sind die zahlreichen Grabplatten und -steine, unter denen die Gebeine der verschiedenen Äbte des Klosters ruhen. Der Hochaltar, eine Ulmer Arbeit, stammt aus dem Jahr 1520. Dessen Schrein ist mit einer eindrucksvollen Darstellung der Marienkrönung geschmückt, die rechts und links von je einem stehenden Bischof begleitet ist. Die Fresken in der Sakristei stammen aus dem 13. Jahrhundert, Altarnische und Deckengemälde aus romanischer Zeit. 1879–82 und 1957 wurde die Kirche renoviert bzw. restauriert.

Der als Ganzes gut erhaltene Klosterkomplex liegt an der Südseite der Kirche und schließt im Westen an die Vorhalle, im Osten an das Querhaus an. Durch die Tür im Südquerschiff betritt man über fünf Stufen den stimmungsvollen spätgotischen Kreuzgang mit Netzgewölben, der im Unterbau romanische Teile birgt. An dieser Stätte der Besinnung, wo romanische und gotische Architektur eindrucksvoll zusammenwirken, finden jeden Sommer die weithin bekannten Kreuzgang-Konzerte statt, die im Laufe eines Vierteljahrhunderts zu einem vielbeachteten Mittelpunkt in der Pflege der Kammermusik geworden sind. Die Würde und Weihe des Raumes, seine einzigartige Akustik, Steinwand, Spitzbogen und Kreuzgewölbe, Dämmerung und Kerzenschein, die Kunst der großen Meister, das Können der Musiker der berühmtesten Kammerorchester Europas – all das fasziniert immer wieder Tausende von Besuchern und vermittelt ein Erlebnis von besonderer Einmaligkeit.

Glossarium

Ädikula. Wandnische, die zur Aufstellung einer Büste oder Statue dient; meist mit Giebel, Pfeilern oder Säulen verziert.

Akanthus. Schmuckelement, das vor allem am korinthischen Kapitell zu finden ist. Es wurde aus der stilisierten Darstellung eines scharf gezackten, distelähnlichen Blattes entwickelt.

Altar. Opfertisch bei Griechen und Römern, Tisch des Herrn bei den Christen. Während man in evangelischen Kirchen meist nur einen Altar antrifft, enthalten katholische Kirchen neben einem Hauptaltar oft noch Nebenaltäre für verschiedene Heilige.

Altaraufsatz. Schreinartiger Aufbau über dem Altartisch.

Altarauszug. Oberer, abgehobener Teil des Altaraufsatzes.

Altargerät. Gefäße und Requisiten für die gottesdienstlichen Handlungen am Altar.

Ambo. Pult an den Chorschranken in altchristlichen und mittelalterlichen Kirchen; Vorläufer der Kanzel.

Andachtsbilder. Kleinere Kunstwerke mit Einzeldarstellungen, die sich auf Nebenaltären befinden und der religiösen Erbauung dienen.

Anna selbdritt. Darstellung von Anna, Maria und dem Jesusknaben.

Antependium. Frontverkleidung des Altartisches.

Apsis. Abschluß des Chores, meist halbkreisförmig, in der Regel Standort des Altares.

Aquamanile. Gießgefäß oder Schüssel für rituelle Waschungen bei der katholischen Liturgie.

Arabeske. Stilisiertes Blattwerk, das als Schmuckmotiv Verwendung findet.

Architrav. Steinerner Hauptbalken über den Säulen.

Archivolte. Bogenlauf über romanischen und gotischen Portalen.

Arkade. Bogen, der von Säulen oder Pfeilern getragen wird. Mehrere Arkaden werden zu Bogengängen zusammengefaßt. Wenn die Arkaden keine Öffnung haben und nur aus dekorativen Gründen verwendet werden, spricht man von Blendarkaden.

Atrium. Bei den Römern ein zentraler Raum mit einer Öffnung im Dach, durch die das Regenwasser einfallen konnte. In der christlichen Architektur ein Vorhof, der meist von Säulen umgeben ist.

Attika. Eine meist reich verzierte Wand, die über das Gesims einer Säulenreihe gemauert wird und das Dach verdecken soll.

Aufgehendes Mauerwerk. Der sichtbare, oberirdische Teil des Mauerwerkes.

Backstein. Ziegel, der im Brand gehärtet wurde (im Gegensatz zum natürlichen Gestein).

Backsteingotik. Bauten aus Backstein im Stil der Gotik.

Baldachin. Schutzdach über Altären, Grabmalen, Statuen usw.

Baluster. Kleine bauchige oder profilierte Säule.

Balustrade. Aus Balustern gebildetes Geländer.

Barock. Stilbezeichnung für die Kunst- und Kulturepoche zwischen etwa 1600 und 1750. Bestimmend sind kraftvoll bewegte, ineinandergreifende Formen.

Basilika. Griechische Königshalle. Im Kirchenbau Bezeichnung für eine mehrschiffige Kirche, deren Satteldach über dem Hauptschiff höher ist als die Pultdächer über den Seitenschiffen.

Basis. Fuß einer Säule oder eines Pfeilers, meist breit auslaufend und dekorativ gestaltet.

Beschlagwerk. Schnitzwerk der Renaissance, das bandeisernen Zierbeschlägen nachgebildet wurde.

Biedermeier. Kunst- und Kulturepoche zwischen etwa 1815 und 1850.

Blattkapitell. Gotisches Kapitell, bei dem die Grundform von feinen Blattornamenten überzogen ist.

Bogen. Der Bogen dient zur Überbrückung größerer Spannweiten im Steinbau. Man unterscheidet Rund-, Flach-, Spitz- und Kielbogen.

Bogenfries. Ein Fries in der Form von Rundbogen (häufig bei romanischen Bauwerken).

Bündelpfeiler. In der Gotik beliebte Pfeilerform, bei der sich um einen Kernpfeiler kleinere und größere Dreiviertelpfeiler gruppieren.

Chor. Der meist erhöhte und in der Regel östlich gelegene Abschluß des Kirchenraumes. Der Chor hat meist nicht die gleiche Breite wie das Schiff. Er dient zur Aufnahme des Altars. Im Mittelalter war der Chor oft durch Schranken vom übrigen Kirchenraum abgegrenzt.

Chorgestühl. Sitzreihen für die Geistlichkeit bzw. in Klosterkirchen für die Mönche oder Nonnen, zu beiden Seiten des Chores aufgestellt.

Chorumgang. Ein Gang, der durch die Fortführung der Seitenschiffe entsteht und um den Chor herumführt.

Ciborium. Steinerner, von Säulen getragener Baldachin über dem Altar.

Dachreiter. Türmchen über dem Dachstuhl.

Doppelkapelle. Zweigeschossige Kapelle.

Dorische Säulenordnung. Die Säulen werden ohne Basis direkt auf den Boden gesetzt und tragen flache, wulstförmige Kapitelle.

Empore. Zwischengeschoß, in der Kirche meist Galerie für Sänger und Orgel.

Englischer Gruß. Verkündigung des Engels an Maria.

Epitaph. Gedenktafel oder Gedenkstein an Wand oder Pfeiler, oft über dem Grab eines Verstorbenen.

Erker. In sich geschlossener, vorspringender Anbau an die Außenwand eines Gebäudes. Oft nur ein Dekorationselement.

Fassade. Haupt- und Schauseite eines Bauwerks.

Fiale. Ziertürmchen in der Gotik; oft Bekrönung eines Strebepfeilers.

Figurenkapitell. Das Kapitell einer Säule, das zu einer Figur ausgearbeitet worden ist.

Filigranwerk. Bezeichnung für vielfach durchbrochene Schnitzwerke und Stukkaturen.

Flügelaltar. Ausklappbare, meist reich geschnitzte oder bemalte Flügel des Altaraufsatzes.

Fresko. Wandmalerei; auf den noch feuchten Kalkputz werden Wasserfarben ohne Bindemittel aufgetragen. Beim Trocknen des Mörtels verbinden sich die Farben besonders haltbar mit dem Putz.

Fries. Schmuckstreifen zum Abschluß oder als Untergliederung einer Wand. Der Fries kann flächig oder plastisch sein, er kann aus Figuren oder Ornamenten bestehen.

Gaden. Bezeichnung für Obergeschoß.

Galerie. Langgestreckter Raum. Oft werden auch Emporen und Arkadengänge als Galerien bezeichnet.

Gaube. Als Giebelhäuschen ausgebildetes Dachfenster.

Gebälk. Balkensystem eines Holzbauwerkes. Im Steinbau der Renaissance und des Barock werden Architrav, Fries und Gesims zusammen als Gebälk bezeichnet.

Gesims. Vorspringender Wandabschluß.

Gesprenge. Abschließende Bekrönung des Altaraufsatzes.

Gewölbe. Bogen- oder haubenförmiger Abschluß eines Raumes. Man unterscheidet Tonnen-, Stichkappen-, Kreuzrippen-, Kreuzgrat-, Kloster-, Stern-, Kassetten- und Spiegelgewölbe.

Gotik. Epoche der europäischen Kunst und Kultur, die von der Mitte des 12. Jahrhunderts bis ins 16. Jahrhundert reicht.

Grisaille. Malerei in verschiedenen Grauabstufungen.

Gurtbogen. Konstruktive und dekorative Unterstützung des Gewölbeabschnitts, die sich rippenartig als Bogen quer zur Längsachse spannt.

Hallenkirche. Im Gegensatz zur Basilika sind Hauptraum und Seitenschiffe gleich hoch; ohne Querhaus.

Hallenchor. Ein Chor, der aus mehreren, jedoch gleichhohen Schiffen besteht.

Helm. Abschluß eines Turmes.

Hochaltar Zentraler Hauptaltar einer Kirche.

Immaculata. Die Unbefleckte; Ehrenname Marias.

Intarsia. Einlegearbeit in Holz, Stuck, Stein und dergl.

Ionische Säulenordnung. Die Säulen stehen auf einer mehrgliedrigen Basis und das Kapitell ist durch zwei Schneckenbögen charakterisiert.

Joch. Grundeinheit des durch Pfeiler, Säulen oder Gurtbogen gegliederten Raumes.

Jugendstil. Stilrichtung der Jahrhundertwende, die sich gegen die Übernahme alter Formen wendet und neue, der Natur entnommene Ausdrucksformen schafft.

Kalotte. Gewölbte Kuppel in Form eines Kugelabschnittes.

Kamee. Stein mit erhaben geschnittener Darstellung.

Kämpfer. Steinplatte zwischen Säule bzw. Kapitell und Bogen oder Gewölbe.

Kanon. Regelmäßiges, wiederkehrendes Maß.

Kanzel. Erhöhter Platz in der Kirche, von dem aus die Predigt gehalten wird. Oft von einem Baldachin oder einem Schalldeckel überdeckt.

Kapitell. Abschließender, kopfartiger Teil einer Säule. Die Form der Kapitelle ist ausschlaggebend für Stil oder Ordnung.

Kapitelsaal. Versammlungsraum der Klostergemeinde.

Kartusche. Zierrahmen, mit dem Wappen, Initiale oder Inschriften eingefaßt sind.

Karyatide. Gebälk tragende Figur.

Kassettendecke. In rechteckige Felder unterteilte Decke, die durch Ornamente, Bemalung oder anderen Schmuck ausgeprägt ist.

Kassettengewölbe. Ein von einer Kassette angeschnittenes Kloster- oder Haubengewölbe in regelmäßiger Folge.

Klassizismus. Von klassizistisch-antiken Vorbildern ausgehende Stilrichtung, die zwischen etwa 1770 und 1830 ihren Höhepunkt erreichte.

Klostergewölbe. Auch Haubengewölbe genannt; kuppelähnliches, waagrecht gerade abschließende Gewölbe aus Tonnenabschnitten.

Knorpelstil. Vorbarocke Form des Ornaments mit ohrmuschelartigen Formen, aus dem Beschlagwerk entwickelt.

Knospenkapitell. Abwandlung des korinthischen Kapitells in frühgotischer Zeit.

Konsole. Wandvorsprung, Balkenstütze.

Korbbogen. Flachgedrückter Rundbogen.

Korinthische Säulenordnung. Reiche Zierformen kennzeichnen bei dieser Ordnung die Kapitelle. Die Basis ähnelt der Ionischen Ordnung.

Kragstein. Aus der Mauer herausragender Stein, der als Stütze, als Auflage oder als Träger für eine Büste dient.

Kreuzgang. Meist gewölbtes, nach innen durch Arkaden geöffnetes Geviert, das als Umgang im Hof eines Klosters dient und an einer Seite an die Kirche anschließt.

Kreuzgewölbe. Zwei sich rechtwinkelig kreuzende Tonnengewölbe. Man unterscheidet das einfache Kreuzgratgewölbe vom Kreuzrippengewölbe, bei welchem die Schnittkanten durch Rippen verstärkt sind.

Krypta. Unterkirche, auch Grabraum, meist unter dem Chor gelegen. Oft sind Kirchen auch über einer alten Krypta errichtet worden, so daß die Krypta bedeutend älter sein kann als die Kirche.

Langhaus. Hauptteil der Kirche, für die Gemeinde bestimmter Raum.

Leibung. Fläche des Mauereinschnitts bei Fenstern und Türen.

Lettner. Wand oder Brüstung zwischen Chor und Mittelschiff, die den klerikalen Bereich vom Laienraum trennt.

Manierismus. Kunststil zwischen Renaissance und Barock, etwa zwischen 1530 und 1630. Der Stil vernachlässigt natürliche und klassische Formen zugunsten gewollter Künstlichkeit oder Manier.

Maßwerk. Gotische geometrische Zierform, vor allem für die Ausgestaltung von Fensterbögen verwendet. Liegen die Zierbogen direkt auf der Wand, spricht man von Blendmaßwerk.

Mensa. Deckplatte des Altars.

Mittelschiff. Mittleres Schiff der Basilika oder der mehrschiffigen Hallenkirche.

Mönchschor. Den Mönchen vorbehaltener, oftmals abgeschlossener Teil des Chores.

Münster. Große Kloster- oder Stiftskirche.

Muschelwerk. Dem Muschelmotiv nachempfundene Zierornamente; vor allem in der späten Renaissance und im Rokoko.

Netzgewölbe. Gewölbe, bei dem sich die Rippen mehrmals kreuzen. Vor allem zur Zeit der Gotik anzutreffen.

Neubarock. Reaktion auf den kühlen Klassizismus. Die Wiederverwendung der Formen des Barock entwickelte sich gegen Ende des 19. Jahrhunderts als ein historisierender Prunkstil mit übertriebenem plastischem Schmuck und auffälligen Farben.

Neugotik. Ebenfalls historisierender Prunkstil, mit dem man im 19. Jahrhundert die Bauformen und die Schmuckornamente der Gotik neu beleben wollte.

Nonnenchor. Empore, auf der Nonnen dem Gottesdienst beiwohnen.

Oratorium. Kleine Kapelle, die der Öffentlichkeit nicht zugänglich ist; oft dem Chorraum angegliedert.

Ordnung. Architektursystem der Antike, das bestimmte Reihenfolgen vorschreibt, vor allem bei Säulen (dorische, ionische usw. Säulenordnung).

Orgelprospekt. Orgel-Schauseite.

Ornament. Regelmäßig sich wiederholende Zierformen. Wiederkehrende Ornamente sind oft unter anderen Begriffen zusammengefaßt (z. B. Fries).

Pantheon. Den Göttern geweihter Tempel; benannt nach dem Vorbild des Pantheons in Rom (Rundbau).

Pfeiler. Stützglied wie die Säule, jedoch mit recht- oder mehreckigem Grundriß.

Pfeilerbasilika. Die Bogen des Schiffes der Basilika liegen auf Pfeilern.

Pietà. Darstellung der trauernden Maria mit dem Leichnam Jesu auf dem Schoß.

Pilaster. Pfeiler, der aus einer Wand hervortritt (Halbpfeiler), mit Basis und Kapitell.

Portikus. Von Pfeilern gestützte Vorhalle.

Präraffaeliten. Von London ausgehende Kunstrichtung um 1850, die eine Verbindung seelischer und religiöser Motive forderte und sich an der italienischen Malerei der frühen Renaissance orientierte. Vorstufe des Jugendstils.

Predella. Unterbau des Altars.

Presbyterium. Ursprünglich Raum für Priester, heute allgemeine Bezeichnung für den Chor bzw. die Apsis einer Kirche.

Profan. Gegenstück von sakral, also Kunst, die nichts mit Religion zu tun hat. Profanbauten sind z. B. alte Rathäuser, Bürgerhäuser, Schlösser u. ä.

Propyläen. Eingangshalle monumentaler Bauten. Vorbild waren die Propyläen auf der Akropolis in Athen (um 430 v. Chr. entstanden).

Putten. Nackte, engelhafte Kinderfiguren in der Renaissance, im Barock und im Rokoko.

Quader. Behauener Block aus massivem Stein.

Querschiff. auch Querhaus; Raum in der Kirche quer zum Langhaus.

Refektorium. Speisesaal im Kloster.

Relief. Bildhauerarbeit, bei der die Figuren halbplastisch aus der Fläche herausgeschnitten (Holz) oder herausgemeißelt (Stein) sind. Je nach Stärke der Erhebung spricht man von Flach-, Halb- oder Hochrelief.

Renaissance. Stilbezeichnung für die bildende Kunst zwischen etwa 1500 und 1600. Die Renaissance fällt zusammen mit dem Ende des mittelalterlichen Weltbildes und dem Beginn einer neuen, an der Antike orientierten Lebenshaltung.

Risalit. Aus der Fluchtlinie vortretender Teil eines Gebäudes, der dessen volle Höhe erreicht.

Rocaille. Reich gestaltete, muschelähnliche Kartusche, die namengebend für das Rokoko wurde.

Rokoko. Stilbezeichnung für die Zeit des ausklingenden Barock (etwa 1720 bis 1770) mit eleganten, leichten, oft verspielten, vor allem aber ovalen Formen.

Rollwerk. Bandartiges Ornament, dessen sich aufrollende Enden plastisch ausgeformt sind.

Romanik. Die zusammenfassende Bezeichnung für die Kunst vom 11. bis ins 13. Jahrhundert. In ihren Bauwerken ist die Romanik bestimmt von Rundbogen, ruhigen Ornamenten und einer insgesamt schweren Haltung.

Romantik. Kunstrichtung zu Beginn des 19. Jahrhunderts, die sich vor allem in der Literatur (Märchen), Musik, aber auch der Malerei ausbreitete. Sie nimmt Formen und Motive des Mittelalters wieder auf und bedeutet eine Abkehr von den rationalen Normen des Klassizismus.

Rose. Stark gegliedertes Rundfenster über dem Portal mit reichem Maßwerk, vor allem in gotischen Kirchen.

Rotunde. Rundbau.

Rustika. Mauerwerk aus Quadern, deren Schauseite absichtlich unbehauen geblieben ist.

Saalkirche. Stützfreier Kircheninnenraum, also ohne Seitenschiff.

Sakral. Kirchlich, geistlich; im Gegensatz zu profan.

Sakramentshäuschen. Gehäuse zur Aufbewahrung der geweihten Hostien. In der späten Gotik entstanden zahlreiche große Sakramentshäuschen, die teilweise zu bedeutenden Kunstwerken ausgestaltet wurden.

Säkularisation. Umwandlung kirchlicher, geistlicher Besitztümer in weltliche. Beispiele gibt es bereits aus merowingischer Zeit. Am bekanntesten ist die Säkularisation zu Beginn des 19. Jahrhunderts, eingeleitet durch den Reichsdeputationshauptschluß des Jahres 1803. Jüngere Beispiele sind kirchliche Enteignungen 1860/70 in Italien, 1901/05 in Frankreich und nach 1945 in kommunistischen Staaten.

Sarkophag. Reich verzierter steinerner Sarg.

Satteldach. Von zwei schräg gegeneinander gestellten Flächen gebildetes Dach. Die zwei Giebel befinden sich an den Schmalseiten.

Säule. Im Querschnitt runde, sich nach oben verjüngende Stütze. Die Gliederung der Säulen wird durch die Ordnung bestimmt.

Säulenbasilika. Basilika, die von Säulen gestützt wird, im Gegensatz zur Pfeilerbasilika.

Schalldeckel. Kanzeldach.

Schiff. Der Raumteil einer Kirche, der hauptsächlich aus dem Langhaus besteht. Es gibt ein- und mehrschiffige Kirchen, letztere sind durch Säulen oder Pfeiler aufgeteilt.

Seitenschiff. Seitlich gelegenes Schiff, durch Säulen oder Pfeiler vom Hauptteil der Kirche getrennt.

Sepultur. Für Begräbnisstätten reservierter Kirchenraum.

Sockel. Vorspringender unterer Teil einer Wand, eines Pfeilers oder einer Säule.

Spiegelgewölbe. Langgestrecktes

Klostergewölbe, das im Scheitel mit einer waagrechten Fläche schließt.

Stabkirche. Holzkirche aus senkrechten Planken und Pfosten.

Stabwerk. Senkrechte Stäbe zur Gliederung gotischer Fenster und Fassaden.

Stichkappengewölbe. Von dreieckigen Kugelflächen eingeschnittenes Tonnengewölbe.

Strebepfeiler. Die in der Gotik ungewöhnlich großen Fensteröffnungen forderten eine Abstützung der Außenmauern durch Pfeiler und Halbbögen. Dieses Strebewerk fing den Gewölbedruck auf.

Stuck. Ein leicht formbarer Werkstoff aus Gips, Kalk, Sand und Wasser. Er wurde vor allem im 17./18. Jahrhundert zur plastischen Ausschmückung von Innenräumen, besonders auch in Kirchen, verwendet (Stukkaturen).

Tabernakel. Behälter zur Aufbewahrung des Allerheiligsten.

Tonnengewölbe. Einer Tonne, die in Längsrichtung durchgeschnitten ist, gleichendes Gewölbe.

Triptychon. Dreiteiliges Altarbild.

Tudorstil. Baustil, der Elemente der Gotik und der Renaissance miteinander verbindet; benannt nach der englischen Familie Tudor (etwa zwischen 1530 und 1600).

Tympanon. Bogenfeld über dem mittelalterlichen Portal.

Verblendung. Verkleidung von Bauteilen, die nicht sichtbar sein sollen.

Vierung. Die Stelle, an der sich Lang- und Querhaus kreuzen.

Vollplastik. Allseitig plastisch gearbeitetes Bildwerk; im Gegensatz zum Relief.

Volute. Spiralenförmiges Ornament.

Wange. Seitlicher Abschluß des Chorgestühls.

Welsche Haube. Geschwungenes Haubendach für Türme, Vorläufer der Zwiebelhaube.

Westwerk. Monumentaler Westabschluß bei Kirchen aus karolingischer, ottonischer und romanischer Zeit. Als Kirche für den Herrscher vorgesehen und deshalb oft auch mit einem eigenen Altar ausgestattet.

Würfelkapitell. Aus der Durchdringung von Würfel- und Kugelform entwickeltes Kapitell der romanischen Stilepoche.

Ziborium. Großer steinerner Baldachin über dem Altar.

Zopfstil. Stilrichtung aus der Zeit zwischen Rokoko und Klassizismus (etwa um 1760–1780). Geprägt von strenger Ausdrucksweise.

Personenverzeichnis

Literaturhinweise, Fotografenverzeichnis

Adam: Das Freiburger Münster. Stuttgart 1968

Baedeker: Reisehandbuch Schwarzwald – Odenwald – Neckartal. Malente 1956

Becker: Das Münster zu Freiburg i. Br. München 1977

Birth: St. Margaretha Waldkirch. München 1977

150 Jahre Stadtmusik. Bonndorf 1962

Booz: Pfarr- u. Wallfahrtskirche Todtmoos im Schwarzwald. München 1960

Pfarrführer von Bühl. 1958

Bühl – Kath. Pfarrkirche St. Peter und Paul 1877–1977. München 1977

Bühl/Baden – St. Peter und Paul. München 1958

Brommer: Pfarrkirche St. Arbogast – Haslach im Kinzigtal. München 1978

Dehio: Handbuch der deutschen Kunstdenkmäler Baden-Württemberg. München – Berlin 1964

Döbele: Geschichte der Pfarrei Sasbach. Pfarramt Sasbach 1950

Erlacher: Die Buchenberger Alte Kirche. St. Georgen, o.J.

Eimer: Die Schwarzwaldklöster Reichenbach, Alpirsbach und Allerheiligen. Freudenstadt 1930

Fleischmann: Pfarr- und Wallfahrtskirche Todtmoos im Schwarzwald. Ottobeuren 1978

Fütterer: Kapelle St. Elisabeth in Falkau/Hochschwarzwald. München 1968

Gaiser: Gernsbach. München 1973

Gengenbach, Ortsführer von. Hrsg. Verkehrsamt/Verkehrsgemeinschaft e. V. o.J.

Ginter: Seminar- u. Pfarrkirche St. Peter im Schwarzwald. München 1968

Gombert: Das Münster »Unserer Lieben Frau« Freiburg i. Br. München 1977

Greiner: Hirsau, seine Geschichte und seine Ruinen. Calw 1950

Gubler: Der Vorarlberger Barockbaumeister Peter Thumb. Sigmaringen 1972

Hänel: Lörrach. Frankfurt/M. 1972

Handbuch der historischen Stätten Deutschlands VI: Baden-Württemberg. Stuttgart 1965

Haselier: Geschichte der Stadt Breisach am Rhein. Breisach 1969

Hecht: Kirchen in Rottweil. München 1978

Heid: Wallfahrtskirche Maria Krönung – Lautenbach im Renchtal. München 1976

Hermann: St. Märgen im Schwarzwald. München 1976

Hermann: Kirchzarten – Pfarrkirche St. Gallus. München 1976

Hermann: Pfarrkirche St. Johannes Baptist – Breitnau im Schwarzwald. München 1979

Hoffmann: Hirsau und die Hirsauer Bauschule. München 1950

Hoffmann: Die ehemalige Benediktinerabtei Alpirsbach. München 1963

Hugle/Schnell: 550 Jahre Stadtpfarrkirche Hl. Kreuz Offenburg. München 1965

Hugle: 540 Jahre Hl. Kreuz-Kirche zu Offenburg. Erolzheim 1955

Jehle: St. Fridolinsmünster zu Säckingen am Rhein. München 1975

Körte: Das Freiburger Münster. Königstein i. Taunus, o.J.

Kottmann: Maßverhältnis in Bauten der Hirsauer – Hirsau, Alpirsbach, Comburg. München 1979

Kottmann/Schloß: Hirsau/Württemberg – Das Aureliuskloster. München 1971

Kottmann: Bad Herrenalb. München 1975

Kunstführer Deutschland II: Baden-Württemberg. Stuttgart 1974

Kurrus: St. Trudpert/Münstertal. München 1976

Leiber: Die alte Kirche in Buchenberg. Zeitschrift »Badische Heimat« 4/1954

Lieb/Dieth: Die Vorarlberger Barockbaumeister. München – Zürich 1976

Meyers: Enzyklopädisches Lexikon in 25 Bänden. Mannheim 1971–1979

Mühleisen: St. Peter im Schwarzwald. München 1976

Mutter: Festschrift zum 1000jährigen Bestehen der Abtei St. Blasien. Neustadt i. Schwarzwald 1948

Neumann: Das böhmische Barock. Hannover 1970

Ochs: Rottweil – Heilig-Kreuz-Münster. München 1958

Opitz/Klug: Die Wallfahrtskirche »Maria in der Tanne« zu Triberg. Ottobeuren, o.J.

Rambach: Die Stiftskirche St. Margaretha zu Waldkirch. Waldkirch 1959

Rapp: Kirche »Verklärung Christi« auf dem Feldberg. München 1973

Renner: Kirchen und Kapellen in Gengenbach. München 1976

Rieple: Der Hochschwarzwald – Heimatbuch eines Landkreises. Konstanz 1965

Säckingen, Das Fridolinsmünster zu. Separatdruck aus der »Zeitschrift für Schweizerische Archäologie und Kunstgeschichte«, Band 32, 1975, Heft 1

Schaaf: Gengenbach – ehemalige Freie Reichsstadt. München 1971

Schäfer: Herbolzheim/Breisgau – Pfarrkirche St. Alexius. München 1961

Schäfer/Schnell: St. Michaelskirche Appenweier. München 1973

Schindele: Aus der Geschichte der Abtei Lichtenthal. o.J.

Schleich: Kirche und Kolleg St. Blasien. München 1979

Schmidt-Thomé/Schneider: Geschichte des Klosters Allerheiligen. o.J.

Schmidt-Thomé: St. Stephan in Breisach. Diss., Freiburg 1972

Schnell (Hrsg.): Donaueschingen – Stadtpfarrkirche St. Johann. München 1977

Schnell: Katholische Kirchen in Todtnau. München 1974

Schnell: Triberg im Schwarzwald – Wallfahrts- und Pfarrkirche »Maria in der Tanne«. München 1963

Schnell/Blümle: Sasbach in der Ortenau – Pfarrkirche St. Brigitta. München 1969

Schulze-Battmann: Alte evangelische Kirche St. Nikolaus in Buchenberg. München 1973

Schwarzach – Kurzer Überblick über die Geschichte der Reichsabtei. Schwarzach 1966

Seilacher: Herrenalb, Geschichte des Klosters in Einzelbildern. Karlsruhe 1952

Storm: Pfarrkirche St. Ulrich/Schwarzwald. München 1977

Thon: Johann Baptist Zimmermann als Stukkator. München 1977

Ueberwasser: Die evangelische Kirche in Blansingen und ihre Bilderzyklen. München 1965

Wagner: Hirsau – St. Aurelius einst und jetzt. München 1975

Wagner: Von Ädikula bis Zwerggalerie. München 1975

Weiler: »Maria in der Zarten« – Hinterzarten/Hochschwarzwald. München 1976

Weis: Die Stiftskirche Unserer Lieben Frau zu Baden-Baden. o.J.

Wörner: St. Bonifatius Lörrach. München 1978

Wörner/Wörner: Bonndorf (Schwarzwald) – Kath. Pfarrkirche St. Peter und Paul. München 1976

Wohleb: 700 Jahre Kloster Lichtenthal. Baden-Baden 1946

Wolters/Baur: Zisternzienserinnen-Abtei Lichtenthal/Baden-Baden. München 1963

Zartmann: Wallfahrtskirche Maria zu den Ketten – Zell am Harmersbach. München 1973

Zimmermann: Die Klosterkirche von Allerheiligen. Diss. phil., Freiburg 1948

Fotografenverzeichnis

Andreas Beck 44, 56, 65, 67, 89, 127, 130, 131, 140

Bildverlag Freiburg 69, 70, 79, 85, 86 o., 92, 96, 98, 101, 106 , 115, 118, 119

Gunnar Björnson 17, 19, 35, 37, 147 l.

Peter Finzer 114

Gerhard Haine 122

Gerhard Klammet 11, 18, 149

Kreisbildstelle Rottweil 146

H. A. Krieg 144

Landesbildstelle Baden 21, 31, 45

Löbl-Schreyer 15, 40, 53, 72, 73, 93, 102, 136, 147 r., 150

Gebr. Metz 25, 27, 34, 58, 60, 104

Johannes Mühlan 38

Werner Otto 10

Photo-Center/Beck 8, 14, 76

roebild/Autenrieth 92

roebild/Renner 143

C. L. Schmitt 74, 94, 121, Umschlag

Schnell & Steiner (Kurt Gramer) 47, 49, 51, 54, 55, 62, 63, 81, 82, 86 u., 90, 111, 112, 124, 126, 132

Wolfgang Zimmermann 22, 23, 32, 36, 108, 109, 129, 134, 137, 141

Karten: Berthold Gauder

Bei einem Teil der Auflage wurde die Abbildung auf Seite 51 versehentlich seitenverkehrt wiedergegeben.